子どもが伸びる！
自信とやる気が育つ！

アドラー式
「言葉かけ」
練習帳

原田綾子

日本能率協会マネジメントセンター

はじめに

はじめまして。原田綾子と申します。

この本を手にとってくださり、ありがとうございます!

私は埼玉県の公立小学校の教員を経て、今は、アドラー心理学をベースとした「勇気づけ」の子育て講座、講演、カウンセリングを行っています。

「毎日一生懸命子育てをしているお母さんを応援したい!」と関東だけでなく日本全国を飛び回っています。

私も子育て真っ最中の2児の母。勇気づけ講師として、母として日々学びながら、"お母さんがほっとリラックスして楽しく学べる心の安心基地"を目指して活動中です。

「勇気づけ」の子育て講座では、心理学や子どもへの関わり方、お母さん自身の心の整え方など、いろいろなことをお伝えしていますが、以前から受講者の皆さんに「子どもを勇気づける具体的な言葉かけ集のようなものがほしい」、「いつでもどこでもパッと開いて、子育ての参考にできる本がほしい」などといったリクエストをいただいていました。ちょうど時を同じくして、出版社か

らお声がけいただき、「勇気づけの言葉かけ」についてまとめることになりました。それがこの本です。

本書では、わかりやすいように、「ふだんの生活と習慣」「学習」「人間関係」と場面や状況を分けてさまざまなフレーズをご紹介します。少しでも皆さんの子育てのヒントになればうれしく思います。

ほめたり怒ったり、賞罰で子どもを支配するのは、結果も手っ取り早く得られます。しかし、ほめられるからやる、怒られるからやる（やらない）というように、外側からの評価によって動く子どもを育てても、その効果は刹那的なもので、本来の子どもの力を引き出しにくいという副作用があります。

しかし、勇気づけの言葉かけは、子どもを自分の思いどおりに動かすためのものではなく、子どもに「信頼しているよ」「大切に思っているよ」「応援しているよ」のメッセージを届けるためのものであり、子どもが「僕（私）はできるんだ！」「お母さんはいつでも味方でいてくれるんだ」と勇気づけられる関わりです。

本書でご紹介した例には、特別な言葉や"魔法の言葉"はありません。あたりまえのようなシンプルな言葉ばかりですが、「勇気づけの言葉かけ」を続けていくことで親子の相互尊敬、相互信

頼が生まれ、じわじわと子どもの内側から、自信とやる気を引き出します。

　これからご紹介するさまざまなフレーズは、たったひとつの「正解」ではなく、あくまでも「ご提案」にすぎません。ですから、このとおりにできなくても、反省したり自分を責めたりする必要はありません。ぜひ、気楽な気持ちでお子さんに言葉かけをしてみてください。

　お母さんだって試行錯誤しながら少しずつ母親になっていくものだと思います。たとえば子どもが10歳ならば、お母さんはママ年齢10歳。もっとお子さんが小さいなら、ママはもっと新米ママ。誰だって、子どもを産んですぐに自分の思うようなお母さんにはなれません。お母さんも子どもと一緒にゆっくり成長していけばいいのです。

　どうか、この本のとおりにやろうとか、立派な母親にならなければとか自分にプレッシャーをかけず、のんびりと、ゆるゆる言葉かけの練習をしてみてくださいね。

　　　　　　　　　　　　　　　　　　　　　原田　綾子

— Contents —

子どもが伸びる！自信とやる気が育つ！
アドラー式「言葉かけ」練習帳

はじめに — 3

序章 子どもが伸びる言葉って？

- 周りの大人の言葉が子どもをつくっていく — 12

- 言葉かけのベースは「ほめ」より「勇気づけ」— 17

- 言葉をかけるときどこに注目すればいい？ — 31

- こんなところに言葉かけの種が隠れている！ — 34

- ほめる・叱る・スルーする　そのさじ加減はいかに？ — 37

- 言葉かけで一番大切なこと — 46

第1章 ふだんの生活と習慣に関わる言葉かけ

- ふだんの生活と習慣の「困った！」に効く言葉かけって？ — 50

01 何をしてもだーらだらのんびり — 60

02 忘れ物が多い — 64

　Column
　忘れ物はどうやったら減らせるの？ — 68

03 子どもが失敗　そのときに… — 70

04 手伝いをしない — 74

05 ちょっと気になる…そのクセ、その瞬間 — 78

　Column
　子どもが片づけ上手になるにはどうすればいいの？ — 82

第2章 学習に関わる言葉かけ

- 学習の「困った！」に効く言葉かけって？ — 88

01 勉強も宿題もなかなか始めない — 96

02 宿題を適当にすませている — 100

03 勉強がわからなくて子どもがふてくされている — 104

04 集中していない — 108

05 テストが返されて… — 112

06 通知表をもらってきたけれど… — 116

07 受験勉強をしない — 120

Column
「話し合う」ってどうやるの？ — 124

人間関係に関わる言葉かけ

- 人間関係の「困った！」に効く言葉かけって？ — 128

01 きょうだいゲンカが始まった！ — 136

02 元気がない — 140

03 友だち関係の気がかりに — 144

04 きょうだいで比べている — 148

Column
学校の先生から電話が来たら — 152

Column
よく遊ぶ子の保護者とは連絡をとって共通理解を！ — 154

あたりまえのことを勇気づける

- なんでもない「日常」の言葉かけが大切！ — 156

- いつもと見方を変えてみよう！ — 159

- 朝から晩まで勇気づけの言葉かけを！ — 162

- 勇気づけの言葉は難しく考えなくていい — 167

- あたりまえが見つけられないときは — 169

第5章 言葉かけのための自分への勇気づけ

- 子どもにダメ出しをしたくなるときの心理とは — 172

- 自分への勇気づけ❶
  「そんなときもある！」— 174

- 自分への勇気づけ❷
  理想を高くしない — 176

- 自分への勇気づけ❸
  できないことより、できたこと、小さな進歩に目を向ける — 178

- 自分への勇気づけ❸
  お母さんもあたりまえのことに勇気づけ — 179

- 自分への勇気づけ❺
  自分のありのままの心を感じる — 182

おわりに — 184

序章

子どもが伸びる言葉って？

失敗いっぱい大歓迎♪
ゆるゆる〜っとね

周りの大人の言葉が
子どもをつくっていく

言葉の持つ"力"って？

よく言葉には力がある、なんて言いますね。

つらいとき、困難に出遭ったとき、誰かのくれたひと言が自分を支えてくれた、奮い立たせてくれた、そんな経験は誰でも一度はあるのではないでしょうか？

でも、ここで言いたいのは、そういった、人生の大きな節目や転機になるような場面での"言葉の力"ではなく、日常のなかでの何気ないひと言の持つ"力"のこと。

たとえば、子どもがテストで80点をとってきたとします。

「どうしてこんなところ間違えるかなー？　もったいない」
「この前練習していた漢字はしっかり書けたね！　間違えた漢字はもう一度練習して完璧にしようね！」

同じ状況での言葉でも、それを受け取る子どもにとっては、だいぶ違った印象になるはずです。

わかりづらいようなら、ぜひ自分の生活を振り返ってみてください。
　毎日、毎日やることに追われてとっても忙しいお母さん。
　イライラして、つい子どもに厳しい言葉を投げつけてしまうこともあるかもしれませんね。そんなとき頭のなかでどんな言葉が浮かぶでしょうか？

「もう！　忙しくってイライラしちゃう。感情に振り回されて子どもに当たるなんて……。私ってダメね。ほんと、いやになっちゃう」

「もう！　忙しくってイライラしちゃう。感情に振り回されて子どもにも怒ってばかり。でもさ、私、よくがんばってるよね！よくやってる。こんなときもたまにはあるよね。少し休んで心を整えよう！」

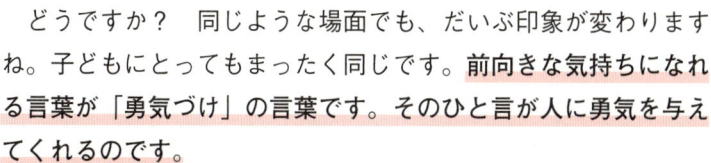

　どうですか？　同じような場面でも、だいぶ印象が変わりますね。子どもにとってもまったく同じです。**前向きな気持ちになれる言葉が「勇気づけ」の言葉です。そのひと言が人に勇気を与えてくれるのです。**

プラスの思い込みをプレゼント！

　子どもの頃に、大人から言われて心に残っている言葉が自分を勇気づけてくれる言葉だったら、何年たっても、人はその言葉からたくさんの「勇気」をもらえることでしょう。

序章　子どもが伸びる言葉って？

あなたはどんな言葉が心に残っていますか？

そして、その言葉からどんなプラスの"思い込み"をもらいましたか？

- 私は本番に強い
- 私には無限の可能性がある
- 僕は素晴らしい存在だ
- 僕にはたくさんの味方がいる

心のなかにこんな"プラスの思い込み"がつくられていたら、持っている力を十分に発揮することができますよね！
普段のなにげない子どもへの言葉かけをちょっと意識するだけで、それができるのです。

これを一番最初に教えてくれたのは、私が中学生の頃、進学塾で一緒だった他校の友人です。彼は、高校受験で必死になって勉強している他の子をよそに授業中もおしゃべりばかり。態度が悪くて先生に怒られることもしょっちゅうです。あるときは何も持たずに塾に来て、「今すぐノートと鉛筆を買ってこい！」なんて先生に怒られて買いに行かされたこともあるツワモノです。

しかし、不思議なことに女の子にもモテるし、月1度、廊下に張り出される成績はいつもトップ。頭がいいのです。

もちろん、その後の受験も志望校に合格することができました。

その彼に、あとで会う機会があって聞いてみたのです。どうしてあまり勉強しないのに、頭がよかったのかと。すると彼はこう言ったのです。

「母親が『あなたはできる子なんだから大丈夫』って、いつも言ってくれていたんだよ」

その後も、小学校の先生からもすごく目をかけてもらって、ぐんぐん成績が伸びたといいます。

「で、『おれは頭がいい、勉強できる』っていつも思ってた」

続けてそう教えてくれました。

そう。やっぱり、彼の潜在意識には、「自分はできるんだ」というプラスのイメージがあったのですね。もちろん、今にして思えば、見えないところで努力もしていたのでしょうが、自分を信じて楽しく勉強することで、どんどん学びを吸収していくことができたのでしょう。

"マイナスの思い込み"って?

"プラスの思い込み"があるように、残念ながら、逆に子どものやる気を知らず知らず削いでしまう"マイナスの思い込み"もあります。

「のろのろしてないで早くしなさい！」

　たとえばこんな言葉をいつも子どもにかけていたとしたら、どうなるでしょう？

　まず最初に、これを言っているお母さん自身が、

「うちの子は行動の遅い子」

　と、子どもに対するイメージを強め、子ども自身も

「僕（私）は行動の遅い子」

　というセルフイメージをもって、その状態をどんどん強めていくこともあるのです。

　でも、安心してください。こんなときは、

「いつもより、早く支度ができたね！」
「7時30分までにご飯を食べ終えてくれるとうれしいな」

　こんなふうに、言い方を少し工夫することで、子ども自身のセルフイメージが変わってくるのです。

言葉かけのベースは「ほめ」より「勇気づけ」

ほめるのはいいこと？ それとも甘やかし？

最近、ちまたでよく言われているのが「子どもをほめましょう。ほめて子どもを伸ばしましょう」ということ。けれど、同時にお母さん方から、

「ほめましょうと言われてそうしようと思うけれど、現実は、どうしても怒ってばかりになってしまって、落ち込んでしまいます」
「ほめたほうがいいかもしれませんが、それって甘やかしじゃないですか？」

そんな声も聞きます。

じつは、私が教育やお母さん方へのアドバイスのベースとしているアドラー心理学では、「ほめる」より「勇気づけ」が大切だと説いています。

ちょっと耳慣れない言葉が登場しましたね。
アドラー心理学の「アドラー」とは、オーストリア生まれで19世紀末から20世紀はじめに活躍した心理学者、アルフレッド・アドラーのことです。最近、日本でもアドラー心理学の本がたく

さん出版されていますので、耳にしたことがある方もいるでしょう。

そのアドラー心理学が大切にしているのが「勇気づけ」です。「困難を乗り越える力を身につける」ことだと考えるとわかりやすいでしょう。

「ほめ」と「勇気づけ」の違いとは？

では、「ほめ」と「勇気づけ」の違いはどこにあるのでしょうか？

それは、「ほめる」「ほめられる」、「勇気づける」「勇気づけられる」それぞれの人同士の関係にあるのです。

「ほめ」とは、上下の関係、縦の関係です。ですから、「上に位置する親」が「下に位置する子」に対して、何かができたとき「えらいね」「すごいね」「立派だね」「いい子だね」と結果を評価するものです。逆にできないときは、叱る、怒る、批判する、というように罰を与えます。賞罰で子どもを支配していますから、子どもを尊敬していないやり方とも言えます。

これに対して「勇気づけ」は横の関係です。年齢・役割は違っても、人としての命の価値は同じ、子どもをひとりの人間として尊敬、信頼し、大切に関わろうと考えます。

また、「ほめ」と「勇気づけ」のもうひとつの大きな違いは、**結果を見るのか、その過程に注目するか**にもあります。「ほめ」は、できたかできないか、結果を評価するもの。それに対して「勇気づけ」は、結果ではなく過程や姿勢に注目します。やろうとしている姿勢や、一進一退しながら少しずつ進歩していることに注目すればいいのです。

「ほめる」と「勇気づける」の違い

ほめる	勇気づける
優れている点を評価し、賞賛する	困難を乗り越える力を与える
評価的態度 上下関係	共感的態度 横(対等)の関係

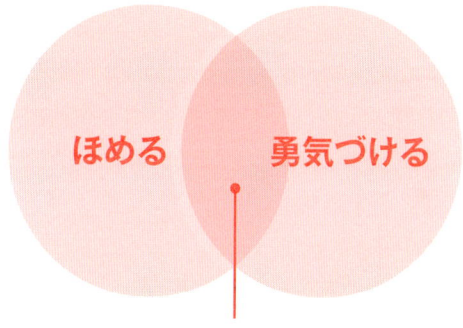

きっちり分けられない。重なる部分がある！

学級崩壊したクラスの子どもたちが教えてくれた「勇気づけ」

　ほめたり叱ったりしなくても、子どもたちの力を信頼していれば、子どもたちは驚くほどぐんぐん伸びていく……。

　じつは私にそう教えてくれたのは、小学校教員時代に担任したあるクラスの子どもたちでした。

　それは前年に学級崩壊状態に陥り、担任は辞めてそのまま持ち上がったクラスでした。始業式に出会った子どもたちは、確かに私語も多くて落ち着きがなく、反抗的な態度をとる子もいました。

　この先生は、僕たちの味方かな？　敵かな？
　どんな人かな？　わかってくれるかな？
　困らせたらどうするかな？

まるでそんなふうに試されているように感じたことを覚えています。

　翌日も、私が前に立っても騒いでいるまま。指示が通りません。このクラスは、いつから、なぜ、こんな状態になっていったのか……。

　こんな状態の学級を私がまとめられるのか。病気休暇に入ってしまった前年の担任は超ベテラン、私はまだ経験も浅い……。その学校に赴任して数日しか経っていないのに「辞めたい……」「私には無理だろう」そんな思いがよぎりました。

でも、考えを改めて決心したのです。

　保護者だって安心して学校に子どもを預けたいはず。逃げようとするのはやめよう。子どもたちは本当は素晴らしい力を持っているはず！　今はとにかく出来る限りのことをやってみよう。今この状態ならば、あとはよくなっていくだけだ、と。

自分の一番星知ってる？

　ある日私は思いっきり笑顔で、子どもたちにこう言いました。

「みんなぁ〜！　自分の一番星、知ってる？」

　シラケた顔をしてヤジを飛ばして来る子がいる。バカにしたように笑う子も。でも私は見たのです。いつもとはちょっと違う表情でこっちを見ている子を。見逃しませんでした。

そして、騒いでいる子に注目をせず静かに座ってこっちを見ている子を勇気づけました（このとき、私はアドラー心理学を知らなかったのですが試行錯誤しながら、どう関わると子どもたちがやる気を出すか、１日の自分の発した言葉や関わりと子どもの反応を振り返り、ノートに書き留め、研究していました）。

　そしてこう続けました。

「ねぇ、これからみんなに自分のよいところを見つけてもらおうと思うんだけど。みんな一人ひとりキラキラ光る星を持っているんだよ」
「はぁ？　そんなん、ねぇ〜よッ!!」
　斜に構えた男の子。完全にこちらを挑発しています。
　でもその手には乗りません。挑戦して来ても私は闘わない。子どもは私の反応を試しているのです。
　私は紙を配りました。「言葉のプレゼント」と書かれた紙です。
　そこに自分のよさを書いてみよう、と子どもたちに伝えました。
　すると、
「書けないよ、私は成績も悪いし　足も遅いし……」
　そう言う女の子。

「じゃ、先生の自分の好きなところ書くから見てて」

　後ろを振り返り、黒板いっぱいに自分のよさを書きました。

ゴハンをいっぱい食べる。
歌が好き。
子どもが好き。
花に詳しい。
声が大きい。
字がデカい。
ワッハッハと気持ちよく笑う。
好き嫌いがあまりない。

　たくさんたくさん黒板いっぱいに書きました。
　さっきまで騒いでいた子どもたちは、いつの間にか全員席に座って静かにこちらを見ていました。

「そんなことを書くのでいいんですか？」
「いいんだよ。あたりまえのようなことでいいの。見つけてみて」

　それでもわからない、という子がいたので私は教室の一番左の前から一人ひとり、子どもたちの「よさ」をどんどん言っていったのです。
「休み時間元気に遊んでいるね」
「給食をたくさん食べるね」
「笑顔がいいね」
「字がきれいだね」
　……のように。

「いつも見ているよ」
「君のよさ知っているよ」

「私は、みんなの味方だよ」
　そんなことが伝わったらいいな、と……。
　このとき私は思いました。あぁ、この子たちは大丈夫！　子どもたちの瞳を見ながらそう思ったのです。
「どぉ？　２つ３つ、見つかったんじゃない？　まだ先生は君たちと出会って数日しか経ってない。だから君たちのこと知りたいんだ」
　子どもたちは鉛筆を走らせ始めました。気づくと教室が静まりかえって、全員懸命に書いています。
　私は、これからこの子たちと過ごしていけるワクワク感でいっぱいになってうれしくなったのでした。

　子どもに「よさ」を伝えていくこと、誰にも「輝く一番星」があるということ、それを伝え認めることが大事だと実感した瞬間です。

　あとから、アドラー心理学の「勇気づけ」に出会ってはっきりわかるのですが、困った行動をする子どもは、勇気をくじかれて居場所を失っている子。つまり、**彼らには「勇気づけ」、子どもの心を勇気づける言葉と関わりが必要だったのです。**
　子どもたちは真剣な表情で自分への「言葉のプレゼント」を書いていました。

　○○さんへ
　あなたの【　　　　　　　　　】ところがステキです

序章　子どもが伸びる言葉って？

なかなか書くことが浮かばない子へは、私がその子のよいところ伝えていきます。すると、ある子が前にやってきて、目をキラキラさせて、私にこう言いました。
「ね、先生！　紙、もっともらっていいですか？」
　うれしかったです。さらに、
「先生！　友だちにも言葉のプレゼントしていいですか？」
　私はこう言いました。
「隣の席の友だちにも言葉のプレゼントしよう！」
　途中、私が印刷しにいかなければならない勢いで用紙がどんどん無くなっていきました。
　全員が書けたら、みんなの前で発表します。子どもたちは照れながらもうれしそうに自分の「一番星」を発表し、聴いている子どもたちからは自然に拍手が起こっていました。

子どもたちにしたたったひとつのお願い

　このとき、私は子どもたちにひとつだけお願いをしました。
「前に出てしゃべるのは、とても緊張する子もいるし苦手な子もいる。でもそれはそれでいい。失敗したって小さな声だって一生懸命やればそれでいい。だんだんできるようになっていくから……。先生とひとつ約束をしてほしい。それは、人の失敗をバカにしたり人の心を傷つけることは許されない」
　これを毅然と伝えました。
　さっきまで「書くことなんて　何もねぇよ」と斜に構えていた男の子も、自分のよさをいっぱい書いていました。みんなうれしそうに笑っています。そして、隣の席の友だちにも書いたカードで言葉のプレゼント。いつの間にか、子どもたちの表情はとても

穏やかになっていました。
　そう、少しずつ少しずつ……。
　焦らない……、焦らない……、子どもに完璧を求めない。
　一生懸命やろうとすればするほど焦ったり、子どもに結果を求めたり理想を高く持ったりしがちです。子どもは教師の鏡。こちらが焦れば、子どもたちは乱れます。

　私は1日が終わると、ノートにクラスの状況を書いていきました。
「こうしたら　こうなった」
「うまくいったとき、うまくいかなかったとき」
　こうやって記録していくと、状況がよくわかります。
　もちろん「いつも笑顔で」なんて不可能でした。
　うまくいかないこともたくさんあって、自分の力不足に直面し、帰宅途中、車を運転しながら涙が止まらなくなってしまったことも……。でも、どんなことがあっても子どもたちの無限の可能性をを信じてみよう、そして自分自身の可能性も信じてみよう。そんなふうに思ったのでした。

毎日書きためたノートが教えてくれたこと

　そんな日々のなかで、私は引き続き、こつこつ子どもたちへの言葉かけと子どもたちの様子をノートに書き留めていました。すると、子どもが自信とやる気を出すポイントがわかったのです。

- ➡ ていねいな言葉でていねいに伝えると子どもは心を開き、伸びる。
- ➡ 上からガミガミ言うと、子どもは心の窓を閉じてしまうため伝わらない。(反発したくなるもの。恐怖を与えてやらせるのは×)
- ➡ ダメなところを直そうと、何度も言っても直らない。むしろ余計にできなくなる。
- ➡ できなかったことよりできたことを見て、認め、伝える。
- ➡ 小さな進歩も認める。
- ➡ 今はできなくても、だんだんできると信じる。その姿勢が子どもに伝わる。
- ➡ 自分のことを大事にされているということが伝わると、子どもはやる気になる。
- ➡ 叱るポイントはたった2つ。これだけは絶対に譲れないという線を決めること。毅然とした態度をとること。
- ➡ ユーモアをもって、楽しい雰囲気づくりをする。

など……。

　そうです。じつは、これ、アドラー心理学の教えとそっくりなんです。
　もうひとつわかったことがあります。それは、「子どもはゴムボール」だということ。上から圧力をかけてガンガン押し込めると反発を起こし、跳ねる。最初のうちは圧力をガマンして耐えているのですがどうにも支えきれなくなると一気に跳ねる。これが学級の荒れにつながっていく（実際に、このクラスは前年度にこ

のように荒れていったと聞きました）ということ。

問題児だったAくんがくれた手づくりの花束

　試行錯誤しながらでしたが、わかったことや気づきを実践していくうちにある日、驚くようなできごとが起こったのです。問題児として名前が挙がっていたAくんのことです。

　ある朝、出勤して学校の駐車場に自分の車を停めていると、バックミラーに男の子の姿が見えました。早朝からいったい誰が立っているのだろうと車を降りて近づくと、なんと私のクラスのAくんでした。たったひとり、ランドセルを背負って立っています。

　彼は私を見つけて駆け寄ってきて、

「先生！　おはよう！　はい、コレ！」

　と私に花束を差し出しました。
「先生、花が好きでしょ？　お母さんと僕で庭の花を摘んでつくったんだ。少しでも早く渡したくて……」

　そう言って照れくさそうに笑っています。

「ありがとう！！！」

　うれしくてうれしくて、なんだか泣きそうな気分でした。

　なぜなら彼は、初めて会った日から反抗的でいつもどこか斜に構えた態度をとっていたからです。彼は私と出会った初日、教室内でキレて大暴れし、乱暴な行為をしました。気に入らないことがあるとすごい目つきをして暴れたり、すぐに手を出すと他の

先生方から噂は聞いていましたが、実際に、そんなことがたびたびありました。

彼が乱暴で危険な行為をしたとき私は叱りましたが、あとで彼を呼んで話をしたのです。それには何かワケがある、そう思ったから。向かい合うなか、彼はポツリと言いました。

「先生だってどうせ僕のことダメなやつだと思っているんでしょ？　勉強だってできないし、だらしないし。ケンカばっかりするし、乱暴だし。お母さんにも先生にもいつも怒られるんだ」

聞くと、幼稚園のときから怒られることが多かったそうです。たしかに、前年度の担任もこの子に一番手を焼いていた、と聞いていました。

「先生はそんなこと思っていないよ。Aくんは素晴らしい子どもだよ。毎日元気に学校に通って休み時間だってまっさきに校庭に行く。運動も上手で、友だちだっていっぱいいる。いっぱい力を持っているんだから！　でも、危ないことをするのは絶対にだめだよ。もしAくんが誰かに叩かれたら、先生は悲しくなる。大切な子の体と心に傷がつくのは悲しいよ」

うまくいかないときに見えた「こんなにしてるのに」の気持ち

それから私は、彼のよいところをいっぱい認め、伝えました。

ですが、それで事態が一変するはずもありません。そうしていっても、人に対して手が出てしまいます。そして、いくら話してもまたやる……。こんなことの繰り返しです。

なんで？　こんなに話したのに、なんで？　よさだっていっぱい伝えているのに。そう思ったりもしました。腹が立って仕方がないときもありました。

でも、あるとき、ふと、「よく考えるとこれってなんか違うのでは？」と気づきました。
　「こんなにしてやっているのになんでできないの？」と思うのは、子どもを尊敬しているとは言えないよね……？と感じたのです。

　それからは、今はできていなくても、いつかきっとできる、だんだん……。そう信じながら「彼のなかでの成長」や「できていないことより、できていること」に目を向けよう（なかなか素直にそう思えないときもありましたが）、信じる気持ちを大切にしよう、私も子どもと一緒に成長しようと決めたのです。
　すると、彼の困った行動はだんだんと減っていったのです。

　あるとき、彼は私にこう言いました。

「先生、僕のいいところいっぱい見つけてくれてありがとう。先生との約束、何度も破ったけど、もうこういうの、やめたいって思ったんだ。先生が、一緒に成長していこうよって言ってくれたから……」

　心を開いて素直に話してくれた、この日のことは忘れません。
　それから彼は学級のなかでリーダー的な行動を取り、今までマイナスに働いていたエネルギーをプラスの方向に発揮し始めたのです。
　Aくんは、私に大切なことを教えてくれた子どもでした。
　同僚の先生方も彼の変容ぶりに驚いていました。
　子どもって可能性をいっぱい秘めている素晴らしい存在。そう。「希望の種」が花開くのを、今か今かと待っているのです。誰もが「輝く一番星」。それを、彼が教えてくれました。

序章　子どもが伸びる言葉って？

　言葉かけを変えることで、子どもの心も自分自身の心も変化していきます。心が変わると行動も変わります。これらは、言葉の持つ力を実感した貴重な経験でした。私はあの経験があったからこそ、今、この仕事をして、お母さんたちに、子どもの持つ力や、勇気づけの素晴らしさを伝えているといっても過言ではありません。

　私も子どもへの勇気づけの関わり（言葉かけ）が、最初からスムーズにできたわけではありません。試行錯誤しながら、子どもと一緒に成長していきました。小さい子が自転車の補助輪を外す練習をするように、できる、できないという「結果」に焦点をあてず、やろうとしている「姿勢」に目を向けて、「そんな自分ってすごい！」と、自分を勇気づけながら、言葉かけを練習してみてくださいね！

「失敗いっぱい大歓迎♪」の精神で、ゆるゆるとやってみてください。

言葉をかけるとき
どこに注目すればいい？

序章 子どもが伸びる言葉って？

まずは「できていること」に注目する

　子どもの成績表を見るときに、前回よりよい成績がついた教科や項目に目がいきますか？　それとも、成績が下がった教科や項目に目がいきますか？　たった1枚だけ平均点も大幅に割ったものが混じっているテストの束を子どもが持ち帰ったら、まずどれについてコメントしますか？

　どうしても、成績の下がった教科や、多くのよい点数のテストに囲まれた低い点数のテストが目立ちますよね？

　人はどうしても欠点に目が行きやすいようです。だから、**意識してプラスの面に注目する必要があるのです。**それを意識して続けることによって、それが習慣化していきます。

　子どもの「できていないこと」よりも「できていること」に目を向け、それを子どもに伝えることで、子どものやる気が引き出されます。なぜなら、**人は注目された行動の頻度が増すからです。**さらに、それとともに、よい部分に注目された子は自分のなかに自信が生まれ、自己肯定感が高まっていきます。

プロセスに注目！

　たとえばテストで100点をとったとき、100点という結果だけに注目して言葉をかけていませんか？　大切なのは、そこにたどりつくまでに子どもが何をしたか、つまり100点に至るまでの過程です。たとえば、点数にかかわらず「毎日しっかり予習、復習していたね」とか「がんばっていたもんね！」と、努力を認めるのでもいいですね。この方法だと、たとえ点数が思わしくない場合も、しっかり勉強していた態度を「結果は思った通りじゃなかったかもしれないけれど一生懸命やってたよね」などという言葉で認めることができます。

「あたりまえのこと」も探してみよう

　これまでに紹介した「できていることに注目する」「プロセスに注目する」の２つも、もちろんとても大切なことですが、じつは一番大切なことは「あたりまえのことに注目する」です。

　何か大きなことを達成したとき以外の、ありのままの子どもの姿を認め、勇気づけることを、ぜひ大切にしてください。なぜなら、そうすることで子どもは「ありのままの自分もすばらしい存在」だと気づくことができるようになるからです。

　では、そもそも「あたりまえのこと」ってどんなことでしょう？

　朝、おはようと言って起きてくる。
　食事をする。
　子どもが毎日学校に行く。

序章 子どもが伸びる言葉って？

暑い日も寒い日もランドセルを背負って登下校する。
５時間、６時間と授業を受ける。
学校から帰ってくる。
宿題をする。
元気に遊ぶ。
学校での出来事を話してくれる。
きょうだいと遊んでいる。
明日の準備をする。
お風呂に入る。

　そう、たいていの子はふつうにこなしている、本当にあたりまえのことばかり。その間に「朝、起こすまで起きない」「なかなか宿題に取り組まない」「ご飯をこちらが予定していたペースで食べない」なんて、親にとって気になることが挟まるから、つい、「あたりまえ」のことが見過ごされてしまうのですね。

　具体的に「あたりまえ」の状況に注目していることを、どう言葉で伝えるかは４章に詳しくまとめましたので、そちらをぜひ読んでみてください。

こんなところに 言葉かけの種が隠れている！

「できていること」「過程」「あたりまえ」に注目することができたら、次はもう少しステップアップしてみましょう。どれも、子どもの自己肯定感を高め、自信をはぐくみ、子どもが自ら伸びていくための肥料になる言葉です。具体的な言葉とともに紹介してみます。

①貢献や協力に注目して気持ちを伝える

「あなたのおかげでとても助かった」「あなたがうれしそうなので、私までうれしい」という気持ちを言葉で伝えます。

【例】

- ▶お皿を運んでくれてうれしいな。
- ▶洗い物をしてくれてありがとう。
- ▶洗濯物を取り込んでくれて助かったわ。

②すでに達成できている成果を指摘する

31頁で紹介した「できていることに注目する」とも近いので

すが、「伸び」や「進歩」などにより注目します。「この部分はとてもいいと思う」「ずいぶん進歩した」という点を伝えます。
【例】

> ▶ 苦手なのにニンジンをひと口食べたんだね。
> ▶ 前より点数が上がっているよ。
> ▶ (走り方について) 腕の振り方がよくなっているね。

③失敗をも受け入れる

どんなにがんばっても、結果が伴わないことだってあります。そんなときは、子どもの気持ちに寄り添って「残念そうだね」と受け止めます。その上で、「この次はどうすればいいだろうか」のような言葉で、過去の失敗に向いていた視点を未来に切り替えられるようにします。
【例】

> ▶ (テーブルの上のコップを誤って倒してしまった)
> 大丈夫？ 服は濡れなかった？
> ▶ (テストの点が悪かった子に対して)
> 残念だったね。
> この次のテストまでにできることを一緒に考えよう。

④他の子と比べるのではなく、個人の成長を重視する

きょうだい、ともだち、お母さん自身の子ども時代……等々、その子だけを見ているようで、知らず知らず、子どものまわりの

「他の子」と比べてしまうことがあります。比べるのなら、以前の本人と比較しましょう。つまり、「この前より上手になった」などと、個人の成長を重視するのです。
【例】

> ▶前より、この部分ができるようになったね。
> ▶この部分が成長したね。

⑤行動について具体的に伝える

　これはどういうことでしょう？　たとえば、子どもの成果ではなく具体的な行動をそのまま口にしてしまう方法です。「あたりまえの行動に注目する」と同じです。
　たとえば、子どもが宿題をしているときに「宿題しているんだね」など、お母さんはあなたのこと見ているよ、あなたががんばっていること知っているよ、というメッセージを伝えます。
【例】

> ▶明日の準備しているんだね。
> ▶漢字の練習しているんだね。

ほめる・叱る・スルーする そのさじ加減はいかに？

序章 子どもが伸びる言葉って？

子どもの困った行動には目的がある

　さて、「できているところ」「あたりまえのこと」に注目するところまではおわかりになりましたか？
　では、子どもが好ましくないことをしたときはどうするといいのでしょうか？
　そこは「スルーする」ことをおすすめします。
　なぜなら、前にもお伝えしたとおり、人は注目された行動は頻度が増えるからです。

　ここで、次女が幼稚園の年少クラスだった頃のエピソードをお話ししますね。
　ある日、いつものように園バスのお迎えに行ったところ、バスから降りると娘がめそめそし出したのです。いつも元気なのにどうしたかな？　次の用もあるし急ぎたいな……。そんなふうに思っていると、娘はとうとうその場にしゃがみこんで、ひっくひっく泣き出してしまいました。
　困ったなぁ……。急いでるのに……。
　もちろんそう思いましたし、ちょっとイライラもしましたが、

そこは、自分の心を落ち着けて、まずは泣いている娘に共感。

「今日も１日、幼稚園がんばったね！　どうしたのかな？　疲れちゃったのかな？」

　ぎゅーっとハグして勇気づけしましたが、娘は黙ったまま。
　こちらも無理して問いただしたりせず、
「泣きたくなるときもあるよね〜。でもね、ママ、このあと用があって急いでいるの。だからここに座ったままだと困っちゃうんだ。少しだけがんばって歩けるかな？」
　すると、手をつないで立ち上がりました！　そこですかさず勇気づけを。
「立ってくれてありがとう。少しだけ歩けるかな？」
　すると３歩歩きました！　また勇気づけ。
「少し歩けたね。もう少しだけ歩けるかな？　おうちに着いたらゆっくり休もうね」
　こんなふうにして、家までなんとかたどり着きました。そして、ここでも勇気づけ。
「がんばって歩いたね。ママ助かったよ。ありがとう」

　さて、ちょっと長くなりました。種類や状況はいろいろあると思いますが、この例のように、子どもの"困ってしまう行動"っていろいろな場面で出会いますよね。でもこれらにはすべて「目的」がありますから、むやみやたらと反応してしまうと、おさまるどころか逆効果になりかねません。これは、どういうことでしょう？
　心理学の観点から、もう少し詳しく解説しましょう。

前にもご紹介した<u>アドラー心理学では、すべての人間の行動には「目的」があると考えています。</u>ですから、このときの娘にも「目的」があったわけです。

　幼稚園で何かあって、お母さんの顔を見たらホッとして泣けてきたとか、疲れて眠かった……。そんな背景もあるのでしょうが、一番の目的は、「注目」を得ること。

　人は、注目された行動の頻度が増えるのは、前にお伝えしたとおりです。ですから、ここで私が「泣くのはやめなさい！」とか「歩かなきゃだめでしょ」とダメなところに注目すると、そのダメな行動を増やしていきます。

　それに対して私は、あえて困った行動には注目せず（スルーする）、娘の気持ちに共感しながら、できていないことより、今できている好ましい行動に注目しました。そして、それを伝えることで、「あなたのことを見ているよ」「あなたの気持ちもわかるよ」「いつでもあなたの味方だよ。応援しているよ」というメッセージを送りました。

スルーするとは？

注目しない
子どもを信頼し、援助する気持ちがある。

無視する
冷たく批判、拒否する気持ちがある。

序章　子どもが伸びる言葉って？

もちろん、私もこんなふうにできないときもありますよ。イライラしてしまうことも、もちろんあります。

　<u>子どもの困った行動には目的がある。このことを知っているだけでも、かなり子育てがしやすくなります。</u>

　また、「困った行動」と言っても、実際は、親が「これは困った行動」だと、決めつけている場合もあります。

　たとえば、小さな子どもが病院の待合室で1時間も静かに待っていることはとても難しいことですよね。でも、自分の理想があり、それを子どもに求めてしまうと、「なんで静かに待てないの？」と、理想と現実のギャップにイライラしてしまうでしょう。そんなとき、「まだ小さいし、長い時間じっと座って待っているのは大変だろうな」という思いがあれば、少しはイライラ度も減るかもしれません。また、学校から帰ってきて、子どもがなかなか宿題を始めないときも、もしかしたら疲れていて休んでいるのかもしれません。

副作用のあるほめ方って？

　小学校教員時代に、子どもをとにかくほめればいいと考えて、毎日子どものよいところを見つけてはほめる、ということを実践していました。ゴミを拾った子に「いい子だね」、姿勢のいい子に「すごいね！」、100点を取った子に「おりこうさん」……。子どもたちは生き生きとしています。

　ところが、だんだんとクラスの様子がおかしくなっていきました。

「先生、ゴミ拾ったよ！」

「掃除用具がぐちゃぐちゃだったから整頓しておきました」
「○○君に教科書を貸してあげました」

　いちいち私のところへ報告しに来る子どもたち。そして「○○したよ、私、えらいでしょ」「私っていい子？」と口にします。

　このときは、さすがに「待てよ……？」と、自分の言動を振り返りました。子どもたちは本当にそれがしたくてやっているのではなく、私からの賞賛がほしくて行動していたのです。その証拠に、私が丸一日学級をあけると、次の日は床はゴミだらけ……。ほめてくれる人がいなければやらない。これはまずい……。

　それからというものの、ほめるのではなく、私の気持ちを伝えることにしてみました。

　子どもがゴミを拾ったら「えらいね」ではなく、「キレイになって気持ちがいいね」。ごちゃごちゃの掃除用具入れを整理していたら「ありがとう。助かるな」。友だちに親切にしている場面では「感心だな〜」と。

「えらいね」「すごいね」「おりこうさん」という評価的な言葉ではなく、「ありがとう！」「助かる！」「うれしい！」という気持ちを言葉で伝えるようにしたのです。

すると、子どもたちは、「えらい？」「すごいでしょ？」などを口にしなくなったのです。そして、次第にいきいきと自ら進んで行動するようになったのは言うまでもありません。

これは誰かにほめられたから、つまり外側から評価されるための外発的要因からではなく、内側から湧き出る「誰かの役に立てる喜び」やきれいにしたほうが気持ちいいという思いに突き動かされているのです。その場合は、誰も見ていない所でも（周りの賞賛を求めることなく）自ら進んでゴミを拾うでしょう。

叱り方にもコツがある

ほめ方にコツがあるように、もちろん叱り方にもコツがあります。そして、叱り方について考えるまえに、大事なことをひとつ。

それは、**「怒る」と「叱る」は別物**だということ。

私は、それぞれを次のように考えています。

イライラをぶつけて「怒る」のは、親の都合ということですね。相手を思って愛をもって教育するのが「叱る」。「怒る」には、教育的なものは感じられません。つまり**「怒る」は自分中心で、「叱る」は相手中心**なんですね。

では、どんなとき叱って、どんなときだったら叱る必要がないのでしょうか？

私が考える叱るポイントはたった２つ。とってもシンプルです。

怒る
怒りの感情をそのまま相手にぶつけること。ヒステリックに爆発させる。

叱る
ものごとの善悪を理性的に（冷静に）伝える。

①人（自分も含める）の体や心を傷つけたとき
②社会のルールを破ってまわりに大きな迷惑をかけたとき

　小学校の教員時代も、これだけは譲れないと、始業式のときに子どもたちに話をしていました。
　整理整頓が苦手、食べ物の好き嫌いをする、ノートの字が汚い、忘れ物をする、トイレトレーニングがうまくいかない、勉強が苦手、服を上手に着られない……。こういったことは、叱る必要はありません。やり方をていねいに教えればいいのです。つまり、なぜそうする必要があるのか、子どもに考えさせればいいのです。
　字をていねいに書くと、どんないいことがあるのか、どうして好き嫌いはしないほうがいいのか。苦手な教科があるのなら、どうしたらできるようになるのか、子どもと一緒に考える。怒って恐怖心を与えて子どもを動かしていると、「怒られるからやる」という受動的な子どもを育てることになります。つまり、これは、怒られないとやらない、ということなんですね。

意外に叱る場面は多くない!?

 叱りたくなったら、叱るべきことなのか、そうではないことなのか考えてみましょう。

 また、ここだけは譲れないというポイントを夫婦でそろえるように話し合う必要もあります。お父さんとお母さんで言っていることが違う、日によって言うことがコロコロ変わるようだと、子どもも混乱してしまいますし、大人の顔色を伺うようになってしまいます。

 そうやって考えると、日常のなかで叱る場面というのは、意外に多くないことに気づくはずです。

 たとえばゲームをいつまでもやっていて時間を守れないなら、家族みんなで話し合いましょう。ルール自体がよくないのかもしれません。誰かが一方的に決めたルールより、自分もルールづくりに参加して民主的に話し合ったほうが守られやすいものです。それでもうまくいかなければ、また話し合いでルールを改善します。

子どもを伸ばす叱り方のポイント

 では、叱る必要があるときはどんな叱り方が好ましいのでしょうか。それは次の5つを覚えておいてください。

①ていねいな言葉で理性的に
　→感情にまかせて乱暴な言葉を使わない。
②きっぱりと（毅然と）
　→迷った様子を見せない。

③__短い時間で__
　→ねちねち叱ったり、関係ないことまで引っ張り出さない。
④__真剣な顔で。ここは譲れない！という姿勢を見せる__
　→ふざけたり、子どもの機嫌をとったりしない。
⑤__行動についてのみ叱る__
　→「ダメな子」などと人格を否定しない。

言葉かけで
一番大切なこと

言葉と「イメージ」をセットで変える

　さて、ここまで、言葉の大切さと、どう言葉をかけていったらいいのかをお話してきました。

　1章から、「ふだんの生活と習慣」「学習」「人間関係」と、大きく3つの分野にわけて具体的な状況でのフレーズを紹介していきます。その前に、ひとつ大切なことをお話させてください。

　それは、**言葉だけを変えても、うまくいかないことがある**ということ。
　人は思ったように育っていきます。
「自分はダメだ……」と思っていると、本当にダメになっていくし、子どものことを、だらしなくて何もできない子だと思うと、そのようになっていきます。

　たとえば、「うちの子、私がうるさく言わないと勉強しないんです」というご相談があります。でも、よくよく話を聴いてみると、そもそも、子どもへの「前提」が「勉強しない子」になっている、というケースがあります。

勉強しない子なんだから、
うるさく言わないと
ますますしなくなる。
↓
前提が
「うちの子は勉強しない子」だから、
そのイメージどおりになる。

　つまり、うるさく言うと子どもが勉強するのだから、子どもが勉強をするためには、"うるさく言う状況"をつくりだしてしまうのです。
　また、お母さんが子どもに「勉強しなきゃダメでしょ」と言えば言うほど、「あなたは勉強しないダメな子」という暗示を子どもに繰り返しかけていることになりますから、子ども自身のセルフイメージも「僕は（私は）勉強しないダメな子」になって、そのイメージに近づいていきます。

　今できないことがあっても「きっとできるようになる。今は練習中」と、自分を信じて行動していると、そのようにイメージした自分に近づいていくものです。それは子どもも大人も同じです。
　よいイメージを持つために言葉を変え、言葉によってイメージもさらによくなっていくのです。もちろん、できる範囲で、少しずつでいいのです。
　これにもコツがあって、必死にがんばりすぎると苦しい、いやだというイメージが実現してしまうので、

- ゆるゆる
- 気張らず
- できる範囲で
- がんばらないで
- 自分を責めずに

　やってみることが大切です。
　1ミリの変化にも目を向けて、自分を勇気づけてください。
　そう、子どもへの言葉かけで「プロセスが大切」と紹介しましたね。ゆっくり、継続して練習してみてくださいね。

第1章

ふだんの生活と習慣に関わる言葉かけ

たまにはゆっくり、のんびりね〜

ふだんの生活と習慣の「困った!」に効く言葉かけって?

子を思うあまり、つい口うるさくなってしまうこともあるでしょう。そして、その言葉が、逆に子どもにやる気や自信を失わせてしまうことも……。
でも、心配はいりません。生活のなかには、ちょっと見方を変えるだけで子どものやる気と自信を育てる機会が、じつはたくさんあります! 今までのことは気にせず、勇気づけの上書き保存するつもりで、今日から一緒にやってきましょう!

子どもに「早く!」が届かないのはなぜ?

　お母さんが子どもに言う言葉で一番多いものはなんだと思いますか?
　それは、**「早く!」**だそうです。
　みなさんもきっと身に覚えがあることでしょう。私も自分が急いでいるときに言ってしまいます。こちらのペースに合わせたい、理想があってその理想に近づけたい、と思う気持ちがつのって、つい出てしまう言葉なんですね。

　「子どもは各駅停車、親は特急列車」という言葉を聞いたことがありますが、まさにこのフレーズに、そもそもの「ペースの違い」が表現されているようです。
　子どもはのんびり、親はせかせか。特に幼い子どもで、てきぱき動いている子はあまりいないでしょう。幼い子どもは、話し方

ものんびりゆっくりですね。

　そもそも土台となるペースが違うのですから、やみくもに「早く！」と言われても、子どもは、どうしたらいいのかよく理解できません。もしかすると、子どもは「早くやっているつもり」かもしれません。

　そんな親子の間の感覚の違いを超えて、してほしいことを子どもに確実に届けるには、**具体的にどう行動したらよいのか明確に伝えてあげることが大切です**。

　いくつか例を紹介しますね。

> 早く学校へ行く準備しなさい！　早く！

> 7時までには準備できるといいね！
> 余裕が持てると安心だよね。

> 早く食べちゃってよ！　いつも遅いんだから！　早くして！

> 後片づけもあるし6時半になったらお皿を下げるわよ〜。
> あと5分くらいで食べ終えてもらえるとママ助かるわ♪

> 早く！　うがいと手洗いしないとおやつ食べられないでしょ！

> 帰ったらまず手洗いうがいをすませて
> ゆっくりおやつ食べようか。

第1章　ふだんの生活と習慣に関わる言葉かけ

こんなふうに言い方をちょっと変えるだけで、温かい雰囲気になりますよね。気持ちのいいこと、楽しい雰囲気だと、私たち大人だって「やってみようかな♪」と思うものです。
　まずは、言い方をちょっと工夫して、お子さんの様子を見守ってみませんか？

禁止語と命令語を控えよう

　言ってはいけないわけではありませんが、子どもに禁止語ばかり使うことや、命令口調で指示するのも控えるといいですね。

「ダメ」「いけません！」という禁止語は、とくに幼い子のお母さんが公園で言っているのをよく耳にします。

「ダメよ！　お友だちに貸しなさい！」
「たたいちゃダメでしょ！」
「ほら、ダメダメ！　泥んこの手で触らないの！」
「あっち行っちゃダメ〜〜!!」

　行動をすべて「禁止」されると子どもはだんだんやる気を失って、自分でやってみようと思わなくなってしまいます。それだけではなく反発したり言うことを聞かなくなっていくかもしれません……。もし自分が、夫や妻、上司や親に、ダメダメ言われ続けたらどんな気持ちになるか、想像してみるとわかりますね。

　もちろん、「早く」と同じように、「ダメ」という言葉を使わなくても同じ内容を伝えることができます。

> お友だちにおもちゃ貸してあげなきゃダメでしょ！

> お友だちにおもちゃ貸してあげられるかな？

> そんな言葉づかいしたらダメよ！

> きれいな言葉を使おうね。
> お母さんはこう言った方がいいと思うよ。

> 廊下を走ってはダメでしょ！

> 走り回るとどうなると思う？
> 廊下はゆっくり歩こうね。

　こんなふうに言うと言っている本人も気持ちいいし、言われた方も「ダメ！」と言われるより素直に言われたことを守るかもしれません。
　じつは、<u>最初から反抗的な子どもはいないのです。</u>
　そう。<u>反抗的な子どもの前にはたいてい、指示語、命令語、禁止語の多い高圧的な大人がいる</u>ものなのです。
　上から指示、命令、禁止をするのではなく、子どもを大切な友人と関わるように言葉をかけてみてください。よい変化が訪れるはずです。

親の心配や不安が、子どもの可能性を制限してしまう

　親だったら誰だって子どものことを心配するものですね。もちろん、私も同じです。
　まったく心配するなと言われても難しいので「あまりしない」。これでいい。これもトレーニングですよ。
　子どもは鋭い感性で、親の心を感じ取ります。親の不安や心配というエネルギーも子どもに伝わります。
　子どもの無限の可能性を引き出したいなら、子どもをまるごと信じること。いや、信じ切ることが大切です。

「この子は大丈夫。人は誰でも生まれながら『勇気（困難を乗り越えていく力）』を持っているから」
　根拠はなくてもいいのです。
　いつも心に留めておきたいのは、**子どもには無限の可能性があるということ。親の関わりによって、その力を伸ばしていけるということです。**
　もちろん私も、最初からこう思えたわけではありません。子育てや教員時代の経験を通じて、だんだんと少しずつできるようになってきました。
　子は親の鏡とは言いますが、同じように、クラスの子どもたちも教師の鏡だと感じていました。子どもたちの様子に、教師の心が映し出されるということを体感しました。
　たとえば、教員時代、自分の心がせかせかと落ち着かないとクラス全体もなんとなく落ち着かずケンカが頻発したものです。また、「この子、上手に発表できるかな？　大丈夫かな……」と内心はらはらして見ていると、実際にその子が、もじもじしたり、

なんだか不安げになったり……。

　逆に、私が気持ちを切り替えて「でもこの子たちはきっと大丈夫！」と思うと、クラスの雰囲気もなんだかとってもいい調子だったりしたものです。

　子どもを信頼する、ということを試行錯誤しながら体感し、子どもを心から信頼できたとき、子どもがぐんぐん伸びていくのを感じました。
　子どもの無限の可能性を信じられたら、子どもを心配することはだんだんと減っていきます。

信じて待つことは「勇気の芽」を育てる肥料

　信じ、待つことは、子どもの可能性を育てる「勇気の芽」をはぐくむ肥料のようなもの。でも、この「待つ」ことは、大人にとって修行のようなものですよね。
　大人は子どもより経験があるので、たいていの場合 "もっとよい方法" を知っています。ですから、つい、わが子が困らないように先回りして答えを教えたり、代わりにやってあげたくなったりしてしまいます。ところがじつは、これが子どもが自分の力で生きていくための「学びの機会」を奪い取っていることにもなるのです。
　いっぽうで、なかには「信じて待っているのに、子どもがなかなか思うようになってくれません」と言うお母さんもいます。これは信じて待っているフリをしているだけで心のなかの心配をがまんして口に出していないだけ。
　親と子の心の根っこ（潜在意識、無意識）はつながっているので

言わなくても親が心の奥で考えていることが子どもに伝わります。

　親がリラックスして、子どもを信頼したとき、子どもの無限の力がぐんぐん引き出されます。

信用
今これができているから、きっとうまくいくだろうというのは（根拠があるから、子どもを信じるのは）「信用」。

信頼
今できていないけれど、きっとできるようになるだろう（根拠はなくとも、子どもを信じるのは）「信頼」。

子どもは花の種。それぞれのペースで花開く

「みんな一人ひとりが花なんだよ。
そして花の種のようにすべてを持っているの。
花の色、形、いつ芽を出し、いつ花開くか…
ぜんぶ準備されてる。
ゆっくりゆっくり自分のペースで自分だけの花を咲かせればいいよ。
誰と比べることなく……。
ヒマワリとユリとタンポポとスミレを比べても、
みんな違うから比べようがないでしょ？
みなそれぞれのよさを持っていて、
自分のいいところを伸ばしていけばいいの」

そんなふうに教員時代、子どもたちに話していました。

今、目の前の子どもの姿は「過程」形。完成形ではありません。
できないことがあっても、苦手なことがあっても大丈夫。
種から芽が出て、葉が出てつぼみをつけて花開くように、必ずだんだんできるようになるよ──きっとうまくいくよ──と勇気づけしてください。
心配しすぎずに、ドーンと構えて子どもを信頼してください！

信じて待つ
＋
勇気づけ
＝
子どもの潜在能力が開花する

子育ての目標

今まで生きてきたなかで「目標」を立てた経験はあると思いますが、「子育ての目標」について考えたことはありますか？
私が思う子育ての目標はたったひとつ。**自分で考え判断し行動できる、自分のことは自分で責任が持てる大人になること。**つまり**「自立」**です。
自分のことが自分でできることは、学力にも影響します。
人が幸せに生きていくために、とても大切なことですね！
そのためのポイントは３つあります。

①自分で決める
②話し合ってルールを決める
③結末の体験（自分のことは自分で責任を取る）

　では、ひとつひとつ見ていきましょう。
　まずは、「①自分で決める」について、「明日の準備をする時間」を例に考えてみます。
　大人から見れば、明日の準備は帰ったらすぐとか、寝る前にやった方がよいと思ってしまいますね。でも、子どもが自分で準備しやすい時間を決めること、そして決めたことを実行することが一番大切です。
　<u>「自分で決めたことを実行すること」。この繰り返しが自立の基礎になるのです。</u>うまくいかなくても怒る必要もありません。「うまく行かなかったみたいだね。今度はどうしたらいいと思う？」と聞き、失敗から学べばいいということを体験させる機会にもなります。
　もし、子どもからいい案が出なかった場合には、「お母さんは○○するのもいいと思うわ」と提案します。<mark>あくまで、決めるのは子ども。指示・命令はしません。</mark>

　次は、「②話し合ってルールを決める」について「ゲームをする時間」を例に考えてみます。
　<mark>話し合いの目的は、折り合いをつけ、課題を解決することです。</mark>子どもの意見、親の意見を出し合い、話し合って決めましょう。子どもも大人も、意見の価値は同じ。大人の意見が正しくて子どもの意見は未熟だから間違っているということはありません。また、<mark>考えを述べるときには、「理由」も言わせるようにすること</mark>

も大切です。そうすることで「考え＋根拠」で意見を伝えることができるようになります。

　一度つくったルールでも、うまくできないようならまた話し合いをしてルールをつくり直せばいいのです。ただし、横の関係で話し合いをするには、日頃からの相互尊敬、相互信頼の関係性が大切になってきます。

　最後に、「③結末を体験する」について「散らかった部屋を片づける」を例に考えてみましょう。
「自分の部屋は自分で片づける」というルールを決めたのなら、どんなに気になっても子ども自身に片づけてもらいましょう。「まったくしょうがないんだから……」と言ってお母さんが片づけてしまうと、子どもは「結局はお母さんが片づけてくれる」と学んでしまいます。見守るには子どもを信じることが必要で、忍耐を求められますね。もちろん、お母さんと子どもで一緒に片づけてもOKです。ポイントは「楽しく♪」です。

　実際に子どもの片づけで困っているお母さんはとても多いものです。でも、少し冷静に見てみると、お母さんが子どもに対して高い理想を持っていたり、口うるさく言いすぎて逆効果になったりしている場合もあるものです。口うるさく言うと、片づけ自体がいやなもの（不快なもの）となってしまうので、「片づけると気持ちいいこと」「物を使うときに便利なこと」を実感できるように、気持ちよく成功体験を積むことが大切です。

子ども時代は、片づけについても練習中と考えて、お母さんの理想の6割できたらヨシとして、大いに勇気づけましょう。自分でできたことと、お母さんから勇気づけられたことを自信にして、片づけも少しずつ上手くなっていくはずです。

01 何をしても だーらだらのんびり

寝る子は育つ…

ゲームの時間をめぐって険悪のムードに……

息子は小学校5年生。話し合って、ゲームをする時間を**1日30分と決めたのに、いっこうに守られず、私はいつも怒ってしまいます。**何度もそういう状況が続くと、「やめなさいって言っているでしょ！」とか「何時だと思ってるの？」と感情的になってしまい、**息子も感情的に「うるさいな」とか「もういいよ！」とキレたりします。**毎日、ゲームのことで険悪なムードになるのもいやなので、何かいい解決策がないか教えてください。

（小5　男子の母）

Before

> いつまでやってるの！
> なんで約束守れないの！

ワンポイント

怒ってやめさせると、
怒られるまでやめないようになる！

子どもと一緒にルールづくりを

　小学生のお子さんのお母さんと話していると、ゲームの時間に関するご相談を多くお受けします。そもそもゲームは子どもが夢中になるように（やめたくなくなるように）面白くつくられているので、時間を決めてやめるというのがなかなか難しいものでしょう。**なぜゲームの時間を決めるのか、その理由を子どもと一緒に考えるのも大事です**（目を使いすぎるとよくないのか、勉強など他のことをする時間が取れなくなってしまうのか、など）。そして**親子で話し合いをしてルールづくりをしましょう**。決して親の一方的な押しつけにならないように、横の関係で一緒に穏やかな雰囲気で話し合います。

　そして、時間を守っていたら勇気づけましょう。守らないときだけ注意するのではなく、適切な行動にも目を向け勇気づけることが大切です。

第1章　ふだんの生活と習慣に関わる言葉かけ

After

もうすぐ時間になるよ。
時計を見てね。

ゲームの時間を守らない 〈守れないならこうしてやる〜〉

> いつまでやってるの!! もうゲームを捨てるからね!

> 何度も声をかけたけど、やめられなかったね。
> 守れなかったときは
> ３日間ゲームはお休みって決めたよね。

⇨ 話し合って時間を決め、守れなかったときにどうするかについても同様に話し合って一緒にルールを決めます。親の一方的なルールを押しつけるのは NG です。

準備が遅くて出かけるのがいつも遅れる 〈またか！イライラ！〉

> 早くしなさい! いつも遅いんだから。

> 急いでもらえるかな?
> みんな困っているんだ。

⇨ 「早めに準備をしておくと安心だし、他の人にも迷惑がかからないね」と子どもと穏やかに話し合います。ちなみに「いつも遅い」は決めつけかもしれませんね。本当にもれなく毎回遅れていますか? レッテルは貼らずに！

食べるのが遅い 〈いつまでたっても片づかない……〉

> 早く食べなさい!

> ○時までには食べられるかな？
> ○時までに食べてほしいんだけど。

⇨ 子どもに時刻を決めさせます。親の都合（片づけなど）がある場合は、親からの提案も OK。時間がオーバーしたときの取り決めも事前に話し合っておきましょう。

約束の時間を大幅にオーバーして帰宅　〈親の心配も知らないで！〉

> 遅いっ！　こんな時間まで何やってたの！

> 遅かったね。心配したよ。
> これから遅くなるときは
> 連絡をしてもらえるかな？

➪ 一方的に遅いことが悪いと決めつけず、理由を聞いたり、今後の提案をします。理由を聞くときは子どもを責めないで！　遅くて心配していたというメッセージが伝わるように。

寝る時間になったのに、なかなか寝ない（低学年の子）　〈明日起こすのが大変だ……〉

> 早く寝なさい‼　何時だと思っているの？

> もう寝る時間だよ。
> 準備をして部屋に行こうね。

➪ 「早く！」の感覚は大人と子どもでは違います。「9時には布団に入れるように準備しようね」「5分前だよ」などと具体的に伝えましょう。小さい子だったら親子で楽しく、時計の絵を書いて貼ってもいいですね。

「早く」をわかる言葉で言い換えよう！

具体的な時刻、時間を示す
　例：**7時5分までに**食べ終えてもらえるかな？
　例：**1分間で**着替えられるかな？　よーいどん！

カウントする
　例：**15秒で**机の周りをきれいにできるかな？
　　　→できたら勇気づけ「こんなに早くきれいにできたね！」
　例：**30数えたら**その遊びをおしまいにしようね。
　　　→楽しい雰囲気で数え、できたら勇気づけ。

遊びの要素を取り入れつつ時間を示す
　例：（音楽をかけて）**この曲が終わるまでに**部屋をきれいにしよう！

第1章　ふだんの生活と習慣に関わる言葉かけ

02 忘れ物が多い

いつまでも一緒に確認すべきなの?

小3の娘のご相談です。学校で忘れ物が多いと先生に指摘され、忘れ物をしないように子どもに注意をしているのですが、**なかなか忘れ物がなくなりません。**先生には、お母さんも一緒にランドセルの中身の確認をしてくださいと言われるのですが、もう3年生ですし、**いつまでも親が子どもの持ち物を確認するのでは、子どものためにならないような気がします。**なにかよい方法はないでしょうか?

(小3女子の母)

Before

ちゃんと準備しなさいよ。
あなたはいつも忘れるんだから!

> **ワンポイント**
> 子どもの自立を親はサポート。
> 少しずつ練習していって、
> 勇気づけを。

しばらくは一緒に確認してOK！

　自分のことは自分でできる大人を育てること、つまり「自立」に向けて子どもを育てることが私たちの子育ての目標です。小さな頃はお母さんの手を借りながら練習し、だんだんと親の手を離れ自分のことは自分でできるようになるための練習期間ですね。子どもの発達段階や個性に合わせながら、子どもをヘルプする側からサポートする側に回りましょう（129頁参照）。忘れ物が多いのなら、しばらくの間、準備ができたらお母さんと一緒に確認をしてもいいですね。そこで忘れ物があっても怒らず、できたときに「今日はバッチリ準備できたね！」と、勇気づけを。「忘れ物が多いと困っちゃうよね。少しずつ練習して忘れ物をなくしていこうね！　お母さん応援してる♪」と子どもに優しく伝え、子どものやる気を引き出しましょう。

After

**明日の準備はできたかな？
お母さんと一緒に確認してみようか。**

夜のうちに用意しておきないさいと言ったのに忘れた

　言ったじゃない！

> 夜のうちに用意しないからこうなるんだよ、まったく！

▼

> 朝だと時間が足りなくて慌てちゃうみたいね。夜のうちに準備をするのはどうかな？

⇨ 何がうまくいかなかったのかを確認し、提案します。あくまで子どもが決めるようにすることが大切です。「夜、準備しなさい！」だとお母さんの言ったとおりにやるだけで、自分で考えて行動していないので、また繰り返します。

出欠の返事が必要なプリントを子どもから渡されていない！

　先生から連絡がきてイライラ

> 今日、先生から連絡があったわ！お母さんが怒られたじゃない！

▼

> プリントを出していないって言われてお母さん、困ったわ。どうしたらプリントの出し忘れが少なくなるか考えてみようか。

⇨ どんな忘れ物をしているのか事実の確認。プリントを出さないことで、誰がどのように困るかを聞いてみます。周りの人に迷惑をかけていることを確認したら、そうならないために、どうすればよいのかを考えさせる。

家庭に「先生」はいらない!?

　親は、子どもより長く生きているし経験があるので、つい「ああしなさい、こうしなさい」と、子どもの上に立って指示命令してしまいがちです。アドラー心理学では、親子は（人々は）いつも「横の関係」。イメージは子どもの「応援係」です。親が子どもの応援係になると子どもが伸びます。家庭に「先生」はいらないのです。お母さんが、お父さんがいつでも、どんな自分でも応援してくれているということを子どもが感じ取れるように、子どもの心があったかくなる、そんな関係がつくれたらステキですね！

明日までに持って行く物を前日の夜に伝えてきた

そんなこと、今言われたって……

> なんで今頃になって言うの！　お母さん知らないわよ！

急に言われても困るな。

家にある場合…〇〇にあると思うから見て来て(一緒に見ても OK)。

家にない場合…買いに行かないとないわ。今回だけだからね。
（と言ったら、次からは買わない）

　　　　　…家にはないし、今日は買いにいくことはできないの。

⇨ 急に言われると困ること、すぐに準備はできないことを伝えましょう。そして、いつまでに何が必要なのか、自分で準備できるのか、自分では準備できないのか、などを伝える約束をしましょう。

Column

忘れ物は
どうやったら減らせるの？

　いつかはゼロにしたい子どもの忘れ物。そのつど注意するよりも忘れ物をしない仕組みを考えてみましょう。ポイントは「子どもに自分で決めさせ、楽しく取り組む！」です。

❶準備する時間を決める

　帰ったらすぐ、宿題を終えたあと、夕食の前、お風呂の前、寝る前、朝など。時刻を決めておくと、「○時だよ」と言葉かけがしやすくなります。

❷チェックリストをつくる

　画用紙でもホワイトボードでも OK。子どもが自分で見てできるように。
　季節の教材や用意（水泳の用意、書き初めの用意など）の書き足しができるので、ホワイトボードがおすすめです！

〇〇ちゃんのチェックタイム
19:30〜19:35
・ハンカチ　・給食セット
・ティッシュ　・体育着(月)
・ぼうし　・習字道具(水)

❸子どもが親に出すボックス・親が子どもに返すボックスをつくる

プリントのやりとりなら、封筒でももちろん OK！

手紙

←封筒を切って壁に貼るとわかりやすい！

❹忘れ物をしていないときに言葉をかける

「忘れ物がないと安心できるね」とか「今日はばっちり準備できたね」など、忘れ物をしていないときこそ言葉をかけ、忘れ物がないことで、安心できる、困らないという体験を実感できるようにしましょう。

第1章　ふだんの生活と習慣に関わる言葉かけ

03 子どもが失敗 そのときに…

大事なカップをお手伝い中に割った娘を叱ってしまって…

先日、子どもが洗い物をしてくれるというので、お願いしたんです。ちゃんとできるかな？　と心配していたら、案の定カップを割ってしまいました。私がとても大切にしていた**お気に入りのマグカップだったので、ショック……**。大きな声で「何してるの！大事にしてたのに……。もういいから！」と、**子どもを傷つけるような言葉を言ってしまいました。**今考えると悪かったなと反省するのですが、そのときは頭に血が上ってつい……。反省しています。

（小2女子の母）

Before

何やってるの！　大事にしてたのに……。
もういいから！

> **ワンポイント**

カップを割ったことよりも、お手伝いをしてくれたことに注目！

第1章 ふだんの生活と習慣に関わる言葉かけ

お母さんの失敗も成功のモトに♪

大切にしていたカップを割られたらショックですよね……。感情的になってしまう気持ちもわかります。ご相談のように、もし、もうすでに怒ってしまったのだったら、怒ったあとに、こう言うのはどうでしょう？「お母さん大事にしていたカップだったからつい感情的になっちゃった。ごめんね。お手伝いをしてくれてお母さんうれしいよ」

お母さんもショックだけれど、子どももショックを受けています。「びっくりしたよね」と子どもの気持ちに共感すると、子どもはお母さんがわかってくれている、応援してくれているという愛のメッセージを受け取ります。すると、今度は割らないように注意しながらお手伝いをしようと思うものです。

お母さんの失敗も成功のモト。失敗から学びながら親子共に成長していけばいいのです！

After

大丈夫？　ケガはない？
びっくりしちゃったよね。
一緒に片づけようか。

子どもがゲームのカセットをなくした。 💬物を大事にしないからよっ！

> いつもいい加減に置いておくからなくなるのよ！
> もう買ってあげないからね！！

▼

> せっかく買ってあげたゲームがなくなって悲しいわ。
> どうしたら、なくならないかを一緒に考えよう。

⇒ 使ったものは、元の位置に戻すといった、片づけの基本を学ぶきっかけになります。

友だちの物を黙ってポケットに入れて持って帰ってきた 💬どうしてそんなことを!?

> なんで勝手に持ってくるの！　信じられない‼

▼

> 人の物を勝手に持ってきてはいけない！
> あなたがこんなことをするなんて、何か理由があったんじゃないかな？　教えてくれる？

⇒ まず、悪いことは悪いと毅然と短く叱ります。そのあとで、心配しているという思いを伝えるために何があったのかを聞きましょう。決めつけや尋問があると、ますます自分の気持ちを言わなくなります。

行けるときは行かず、気づいたときにはトイレに間に合わず…… 💬はぁ……。あのとき何を聞いてたの？

> だから言ったじゃない！　まったくもう！

▼

> 出かける前に必ずトイレに行こうね。

⇒ 失敗で学んだことを次へ活かすため、必ずトイレをすませてから出かける約束をするようにします。幼い子の場合は、出かける前に、「トイレをすませたかな？」と、言葉をかけてもOK！

図書館の本を夢中になってペンで印をつけてしまった

> 公共物なのに……。ま、まずい！

❌ ペンで書いたら消えないじゃない！どうするつもり？　謝ってきなさい！

⭕ 夢中になってうっかり線を引いちゃったのね。やったことは仕方がないから、今度から気をつけようね。どうしたらいいかな？

➡ 子ども自身も「しまった……」と思っている場面。これ以上は責めず、今からできることを考えさせましょう。親が提案するのもありですが、最終的にどうするかは子ども自身に決めさせます。

第1章　ふだんの生活と習慣に関わる言葉かけ

失敗いっぱい大歓迎！

「失敗いっぱい大歓迎」

教員時代、子どもたちにこのように話していました。失敗から学べば失敗はないんだよ。失敗は成功の証。失敗は成功のもと。失敗はチャレンジの証……と。

たとえば、70頁の相談にある、マグカップを割ってしまったケースも、お母さんのお手伝いをするというチャレンジをしたからこその失敗。何もしなければ失敗することさえできないのですね。こんなふうに子どもが失敗したときこそ、勇気づけをするチャンス！　ここでガミガミずっと怒っていたら、子どもは「もう手伝いなんかしない！」となってしまうでしょうし、逆に、怒ってしまったあとでも、子どもの気持ちに寄り添えば、またお手伝いをしようと貢献感を育てていくことでしょう。子どもが失敗したときどう関わるかは、じつはとても大事なのですね。

04

手伝いをしない

決めたことはちゃんとしてほしいのに……

子どもたちにお手伝いをしてもらおうと、お手伝いの担当を決めました。小4の長男はお風呂を洗って沸かす当番なのに、**面倒くさい、忙しい、疲れたなどと、あれこれ口実をつくってやろうとしません。**決めたことはちゃんとやってほしいので「自分の仕事なんだからきちんとやりなさい」とうるさく言ってしまいます。でも、**言えば言うほど言うことを聞きません**……。どうしたらお手伝いをきちんとしてくれるのかアドバイスをお願いします。

（小4男子の母）

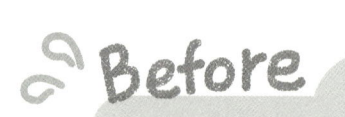

Before

さっさとお風呂、洗っちゃいなさい！

> **ワンポイント**
> 子どもが貢献感を感じられるように
> 勇気づけをし、できない日が
> 続くのならば親子で話し合いを。

お手伝いを続けられたことが子どもの自信に

　家族の一員としてお手伝いをすることは大切なことです。任せるときのポイントは「無理なく、続けられること」です。ちょっと簡単な仕事だけど、続けられたという経験をすることで（成功体験を積む）子どもに自信が生まれます。ここで大事なのは家族の役に立っている、ということを子どもが感じられるようにすることです。手伝いを強制されて、ただやって、「はい、終わり！」ではなく、「ありがとう。いつも助かるよ」「お母さんうれしい」というメッセージを伝えましょう。そしてやり終えたときだけはなく、やろうとしているとき、やっているときにも勇気づけを。「これからやろうと準備してくれているんだね。ありがとう」「磨くの大変だよね。ありがとう。助かる」など。もしできないときが続くなら、親子で解決策を話し合い、本当は風呂掃除をやりたくないということなら、手伝いの内容を変えてもいいですね。

After

お風呂掃除の仕事、
やってくれると助かるんだけどな。

頼んだことを兄弟で押しつけ合っている

> ケンカするなら私がやった方が早いわ！

だったら、もう頼まないよ！
▼
一緒にやってもいいし、順番にやってもいいし、自分たちで決めてくれるかな。

⇒ お母さんの頼みごとに対して、「○○はできそうかな？これはできないというのがあったら言ってね」と伝えておきましょう。

頼むといやそうな顔をする

> こっちだって忙しいから頼んでるのに……

そんな顔するならいいわ！
▼
いつだったら手伝ってくれるかな？
（時間があるかな？）

⇒ 子どもにも子どもの都合があります。宿題をやっているかもしれませんし、ちょっと休んでいるかもしれません。気分転換をしているかもしれませんし、友だちと遊んでいるかもしれません。ですから、いつでも親の言うことを聞けるとは限らないのです。そこで、お願い口調で頼むことで、子どもに選択の機会を与えることができます。子どもは、今すぐ引き受けてもいいし、後で引き受けてもいいし、断ることもできます。選択の機会を与えることで、子どもは「お母さんは自分のことを大切にしてくれているんだ」と感じることができます。

お手伝いのポイント！

> 子ども自身にできそうな内容を考えてもらってもいいし、親の方からやってほしいことを提案して子どもに選んでもらうのもいいですね！

頼んだら「私ばっかり。
妹は何もしていないじゃない！」

頼りにしてたのに……

> 手が空いているんだからいいじゃない！

お姉ちゃんだからっていろいろ頼みすぎていたかもしれないわね、ごめんね。今、手伝ってもらうのは難しい？

⇨ 頼れる存在の上の子にはつい頼みたくなるものですが、子どもにしてみると、不公平さ感じているかもしれません。ですから、これはお姉ちゃん（お兄ちゃん）にしか頼めないんだということを伝え、貢献に感謝しましょう。

花の水やりをお願いしていたのに、忘れていたらしくしおれている…

がっかり…

> ダメじゃない！　大事な花なのにどうしてくれるの？

お花枯れちゃったね。大事なお花だからお母さんとても悲しいな。これから忘れないようにするにはどうしたらいいと思う？

⇨ **失敗をとがめない。**とがめると、もうやりたくなくなってしまうので、誰でも失敗はあるということを伝え、今後どうしたら忘れないか、**一緒に考えます。**

第1章 ふだんの生活と習慣に関わる言葉かけ

お手伝いに対価はあり？　なし？

　家族として家の仕事を家族が分担して行うのはあたりまえだから、お小遣いをあげて手伝いをさせるのはちょっと……、と考える人もいますし、労働の対価としてお小遣いをあげて、仕事として手伝いをさせるのはよいことでは？　と考える人もいるでしょう。子育てに正解はありませんから、教育の方針をご夫婦で話し合ってみてはいかがでしょう。

05 ちょっと気になる…そのクセ、その瞬間

お風呂になかなか入らない

　小1の息子ですが、お風呂が嫌いなのかなかなかお風呂に入ろうとしません。面倒くさいとか、もう少し経ったら……とダラダラしています。「早く入りなさい！」「いつまでダラダラしているの」とつい口うるさく言ってしまいます。**私は仕事をしていて忙しいので、早く寝かせるために、つい子どもをせかしてしまいます。**何かいい方法はありますか？　　　　　　　　　　　　（小1男子の母）

Before

> 早くお風呂に入りなさい！

> **ワンポイント**
>
> お母さんが困っていることを話して、夜の時間をスムーズにするためにどうしたらいいか一緒に話し合いを！

高圧的に話すのはNG！

　忙しいお母さんにとって、とくに夜は、時間どおりにものごとを進めたいと思うものですね。そんなとき、いつまでもダラダラとTVを観ていたり、ゲームをしたり、なかなかお風呂に入らない子どもに、「早くして！」「時計を見なさい！」と高圧的に言うと、小学校高学年にもなると「うるさいな！」「わかってるよ！」と口答えをするかもしれません。子どもは「鏡」ですから、反発が返ってきたら自分も高圧的な話し方をしていないか振り返るチャンス。大切なのは<u>日頃から話し合いができる関係づくりです。</u>「あなたがなかなかお風呂に入ってくれないので予定が進まず困っているの」と率直に伝えたり、たとえば「7時から7時半の間に入ってくれると助かるな」と幅を持たせ、そのなかで子どもにお風呂をすませてもらうなどと提案を伝えてもよいでしょう。

After

7時になったよ。
お風呂に入ってくれるかな？
そろそろお風呂の時間だよ〜。

第1章　ふだんの生活と習慣に関わる言葉かけ

注意をしたら、子どもにキレられた 〈なんて口のききち！〉

なんなのその言い方は！

………（注目しない）

⇨ 子どものことを決めつけたり（ダメな子ね！など）一方的に威圧的に関わると、子どもはキレたくなります。普段から「横の関係」で関わるように意識しましょう。また、子どもの立場に立って子どもの気持ちに寄り添ってみることも大切です。

あいさつの声が小さい 〈はきはき元気よくしてほしいな……〉

もっと自分から声をかけていったらいいじゃない。

小さい声だったけどあいさつできたね！大きな声で伝えないと聞こえないから今度は大きな声で言ってみようか。

⇨ 小さい声が悪いことと決めつけず、小さな声でもあいさつをしようとしたことに注目。そして、少しずつ慣れていくようにサポートします。

近所の人やお友だちの家の人にあいさつしない 〈引っ込みじあんね……〉

もう○歳なんだからあいさつくらいしようよ〜。

人に会ったらあいさつしようね。とても大事なマナーなんだよ。

⇨ あいさつしない理由を聞いてみてもいいですね。「恥ずかしいから」なら「恥ずかしいんだね」と共感し、「でもあいさつは、礼儀としてとても大事」と大切さを伝えます。

思いどおりにならないと（買ってもらえないと）ふてくされる

またワガママ！めんどくさ……

じゃあ、小さいのなら買ってあげるわ。

今日は買えないんだ。

⇨ 事前に子どもと「今日は何も買わない」などと約束をしてから、買い物に行くことも必要です。「約束を守れないなら一緒に買い物は行けないよ」と伝えるのもよいでしょう。

「どうせ自分は……」と悲観的なことを言う

若いうちから何言ってるの!?

そんなことないよ。もう少しがんばってみなよ。

そっか、そんなふうに思っちゃうんだね。お母さんはそうは思わないよ。

⇨ 状況によって、サポートする。応援しているし、いつでも味方というメッセージを伝える。

好き嫌いが多い

あれはダメ、これは苦手って……

そんなんじゃ大きくなれないよ！

苦手なものも食べられるように練習しようね。

⇨ どこが苦手なのかを聞いて、「そういうところが嫌なんだね」と共感しましょう。栄養面から子どもに話をしてもいいですね。成長のために必要であることを話し、食べてほしいことを伝えてみましょう。子どもが食べやすいように細かく刻むなど協力し、食べられるようになるように一緒にがんばろうと応援しましょう。

第1章 ふだんの生活と習慣に関わる言葉かけ

Column

子どもが
片づけ上手になるには
どうすればいいの？

「また散らかして……。早く片づけなさい!!!!」

つい、言ってしまいがちな言葉ですね。

お母さんのお悩みでも多いのが子どもの片づけについてです。子どもがなかなか片づけられないおもな理由は次の3つが考えられます。

❶物が多すぎる
❷片づけるスペースが整っていない
　（動線が整っていない、整理する入れ物などがない）
❸片づけ方がわからない

❶物が多すぎるときは

古くなってもう使わない物、壊れている物、この先使う予定のない物などは捨てたり、人に譲ったり、リサイクルするといいですね。ポイントは、<u>処分する物は子どもが決めること。</u>

もちろん、親が「これはいらないかもね」と提案するのはいいのですが、最終的には子どもに決めさせます。自分の意思で、「い

る・いらない」を決めるには、勇気が必要です。また、自分は何を基準に処分するのかという、判断基準も必要です。

「いる・いらない」は選択です。生活は選択の連続。たとえば今日は何をして過ごすか、どのお店で買い物をするかなど、日々の小さな決断ももちろん、受験、就職、結婚など、生き方に関わ

> 今までありがとう…

物を捨てるときに、
「今までありがとう」の気持ちを
心のなかでつぶやけるといいですね

る大きな決断もありますし、日々耳に入ってくる情報も自分に必要かどうかを選択していくはずです。物を分別する力が、生きるために必要な力につながっていきます。

いるか、いらないか、すぐに選別できない場合は、「とりあえずBOX」をつくって入れておき、たとえば3ヶ月以上使わない物は捨てるなどしてみてはいかがでしょうか？

❷片づけるスペースが整っていないときは

そもそも片づけようにも、物を入れるスペースが狭かったり、入れ物がない場合は、まず環境から整えましょう。

机の引き出しなら小分けのトレイがいくつかあると、筆記用具、のり、はさみなどそれぞれ入れることができて取り出しやすいですね。また、数が多いとゴチャゴチャしてしまうので、必要最低限の数のみ用意しましょう。

親子で一緒に100円ショップや雑貨屋さんに行って、入れ物を用意するところから一緒に始めてみてもいいですね。

また、引き出しにラベルを貼ったり、お菓子の空き箱を利用してかわいくデコったりと、片づけが楽しくなる工夫もしてみましょう。ポイントは「楽しく！」です。楽しくないことはやりたくないものです。片づけを心地よいものにするために、お母さんの勇気づけが欠かせません。

✕ 片づけ＝いやなもの（不快なもの）…お母さんに怒られながらやる

◯ 片づけ＝きれいになると気持ちいい！できた！やった！（達成感・快の状態）…お母さんが勇気づけてくれる

❸片づけ方がわからないときは

　まずは、いきなりひとりでやらせず、お母さんと一緒に楽しく片づけるのがおすすめです。お母さんの工夫やアドバイスを教えてあげましょう。さらに、練習として冷蔵庫やリビングの片づけをお母さんと一緒にやってみるのもいいですね。お母さんは、冷蔵庫の中身など、だいたい置く位置を決めているはずです。そして、それにはきっと理由がありますよね。よく使う物は手前に置く、とか……。どうしたら使いやすくなるかを知ることで、子ども自身が片づけるときに同じように考えながら片づけられるようになります。

　また、片づけておくと、すっきりして気持ちいいな、便利だな、使いやすいな、探す必要がなくなるな、という体験をしておくことも大切ですね。

私はよく、「子どもに完璧を求めず、親の持つ理想の６割できたら OK としてみませんか？」と提案しています。幼い頃から整理整頓が得意な子どもはあまりいないですし、小学校高学年までに、整理整頓の仕方を練習している（完成形ではなく、過程形）と考えてみるのはいかがでしょう？　いきなりできるようにならなくてもいいのです。少しずつ子どもを勇気づけながら、練習していきましょう。

片づけ上手になるための言葉かけ

片づけをしている途中に	片づけがんばっているね～！！
	きれいになってきたね！
	大変だけど、よくやっているね
	お母さん、手伝うことある？
	ここはとってもきれいになったね。こっちもできるかな？
	○分までに終わらせようか？
	前より、片づけ方が上手になってきたね
	片づけ名人だね
	前よりきれいな状態が続いているね
きれいになったら	きれいだと、すごく気持ちいいね
	きれいにすると気持ちいいね
	よくがんばっていたね
	自分だけでできたね！
	今日○○ちゃんが片づけをがんばっていたんだよ。ちょっと見てもらえる？（と、お父さんに見てもらう）
	この状態を保つために、どんなことを工夫したらいいと思う？（出したら定位置に戻すなど）
散らかってきたら	少し散らかってきたね。そろそろ整理整頓してみようか
	汚いとお母さん気分が悪いわ。片づけをしてもらえるかな？

片づけが楽しくなる工夫

ラベルをつくって貼ってわかりやすく

　自分でつくったラベルを貼って整理整頓しやすくします。

部屋の図をつくり、片づけをしたら色を塗る

　日付を書くと予定、完了日がわかり、達成感が生まれます。また、片づけの難易度を記入してもいいですね。

片づけタイム設定（3分でも5分でも）

　歯磨き、洗顔と同じように、習慣化するために、「寝る前5分は片づけタイム」、「お風呂の前は片づけタイム」などと設定します。家族皆でやってもいいですね！　音楽をかけて、この曲が終わるまで片づけタイムなんて実践してみても楽しそうですね！

「そっくりさんにできるかな？」

　キレイになっている（片づいているときの写真をとってその場所に貼っておきます。ゴール（完成図）がイメージできるから、親も口出し不要。「写真のとおりにできるかな？」みたいな言葉かけでOKです。

第 2 章

学習に関わる言葉かけ

とぎが来たら勉強する！
ハズ……

学習の「困った！」に効く言葉かけって？

子どもたちが進んで机に向かってくれたら……。
勉強好きになってくれたら……。
親だったら誰だってそう思うものですね。
実際に、子育て講座やカウンセリングでもとても相談件数の多いテーマです。
"たちまち子どもたちが勉強好きになる魔法の言葉"を探すまえに、もっと大切なことをお伝えします。

じつは子どもは誰でも勉強好き！

「どんな子でも、じつは勉強好きなんですよ」

　お子さんが勉強せずに困っているお母さん方にこうお伝えすると、みんなびっくりします。でも決して励ましでもなぐさめでもなくこれは本当のこと。なぜなら「勉強する」ことの根っこには必ず、「知りたい」という気持ち、つまり「好奇心」があるからです。

　そう、**子どもといえば"好奇心のかたまり"**ですね。

　基本的には、どんな子どもも勉強好きになる要素を持っています。ですから、未知のことを「知りたい！」という気持ちを、うまく「楽しい！」「できた！」「なるほど！」「もっとやりたい！」と思えるような経験につなげてあげると、びっくりするぐらい子

どもは伸びていくものなのです。

つまり、親の関わりや、言葉かけによって、子どものやる気や勉強したいという気持ちをぐんぐん引き出すこともできるのです。

では、子どもの「好奇心」を刺激し、火をつけるには、どうしたらよいのでしょうか？

そのポイントはたったひとつ。**勉強が楽しいと思えるような気持ちになる言葉をかけ、環境を整える**、ということです。

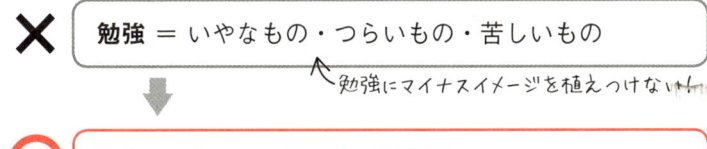

× **勉強** ＝ いやなもの・つらいもの・苦しいもの

勉強にマイナスイメージを植えつけない

○ **勉強** ＝ 楽しい・知る喜び・面白い

やる気をつくる「勇気づけ」

勉強が嫌いな子を注意深く観察していると「ダメ出し」をちょこちょこもらって、勇気をくじかれている場合が多いようです。

たとえば、お母さんや先生などに「勉強しなさい！」といつも言われていたり「なんでできないの？」などと、点数の悪さを指摘されているなど、「できていない」ところばかりに気持ちが向かっている状態です。

お母さん方が結構な割合で苦労する、子どもの歯磨きを例に考えるとわかりやすいかもしれません。じつは、子どもがいやがっているのは、歯を磨く行為そのものよりも、お母さんにむりやり押さえつけられて「ちゃんと磨かないとダメでしょ！」と言われ

ながら、ガシガシ歯を磨かれる雰囲気だったりします。
　勉強もこれとまったく同じ。強制された**瞬間、それは「いやなもの」**になってしまうのです。

　逆に言えば、**楽しいと思えることは積極的に取り組めるもの**。
　よい雰囲気のなかで勉強することが、子どものやる気を引き出す土台となるのです。もちろん、言葉にユーモアを混ぜたり、緊張をほぐしリラックスを引き出す「笑い」を交えてもいいですね！
　楽しい雰囲気、温かい雰囲気、そして、子どもがリラックスして勉強に臨める安心感がとても大切です。

緊張しながら笑うのは難しいもの。まず笑ってみよう！

　そんな雰囲気をつくることも大切な「勇気づけ」になるのです。ちょっとわかりづらいかもしれませんね。
　では、実際に「勇気づけ」と「勇気くじき」を体験してみましょう。自分に言われていると考えてみてくださいね。

　たとえば、ご主人に、
「部屋が散らかっているじゃないか！　掃除したのか」
　とか、

「味が濃い！　もっと味つけを薄くしろって言ってるだろ」
「子どもがわがままなのは、おまえがしっかりしつけないからだ」
などとダメ出しばかりされたらいやな気持ちになりますよね。

反対に、
「掃除をしてくれてありがとう」
「いつも美味しい料理をつくってくれてありがとう。でも、もう少し味つけが薄いとうれしいな」
と言われたらうれしいし、少なくともいやな気持ちはしませんよね。

いかがですか？「ダメ出し」ではなく、よいところに目を向けて言葉をかける「ヨイ出し」ですね。こういった「勇気づけ」の言葉を聞くと、なんだかいい気分で、もっとがんばろう！　という気持ちになりませんか？

学ぶ場所を安心できる場所にする

　さらに、「学ぶ場所」が子どもにとって、心が落ち着ける場所であることも大切です。

　ポイントは「失敗しても大丈夫な場所」にするということです。

　教員時代、失敗することは悪いことと捉えている子どもがとても多いと感じました。失敗を恐れて自分の意見が言えなかったり、チャレンジができなかったり……。

　以前、中学生に勇気づけの講演会をしたとき、「失敗はしてはいけないものだと思っていました」という感想を書いた生徒が予想以上にたくさんいました。

　ですから、教員時代には、「失敗」について、子どもたちに何度もメッセージを伝えていました。「失敗しても大丈夫」「人は失敗しながら成長していく」と。

　人の失敗をバカにしたりすることは絶対にいけない、ということも話していました。つまり、「教室は間違っても大丈夫な場所」だと繰り返し伝えることで、安心して授業に臨んでもらおう、と

失敗しても　大丈夫〜！

いうわけです。家庭でも、もちろん同じ。お母さん、お父さんの言葉で、それを伝えてあげてください。

もうひとつのポイントである「**安心感が得られる場所**」をつくるというのも、今日から試せるとっても簡単なこと。

たとえば、子どもが宿題を始めたら、お母さんも一緒にテーブルに座って本を読む……。つまり、そばにいてあげるだけでいいのです。プラスして、

「宿題しているのね。感心だわ～！　わからないことがあったら言ってね」

「今日は計算の宿題なんだね。毎日がんばっているね」

など、勇気づけしてあげられれば、なおいいですね。

なぜ、そんな簡単で、単純なことがいい影響をもたらすのでしょうか？　それは、

「宿題をすると、お母さんが僕のことを見ていてくれる！」

「勇気づけてくれる！」

「そばにいて見守ってくれる！」

と、いう安心感（うれしい気持ち）が得られるようになるから。

小学生といっても、まだまだお母さんに見ていてもらえるのはとってもうれしいこと、安心できることなのです。

「自分はできるんだ!」というイメージをプレゼントする

さて、冒頭のように、「勇気づけの言葉、『ヨイ出し』の言葉をかけましょう!」とおすすめすると挙がってくるのが、
「でも、言わないとうちの子ちゃんとやらないんです」
という心配の声。

でも、こう思うということや、この言葉の前提には「うちの子は言わないとやらない子」つまり、「できない子」「ダメな子」というイメージがあるのです。

つねにそうイメージして子どもに接しているとどうなるでしょうか……。

序章でもお伝えしたように、子どもを怒ってばかり、ダメ出し批判ばかりするというのは、子どもに「あなたはダメな存在」「能力がない」と暗示をかけているようなものなのです。

ここは、発想を変えて、子ども自身が「自分には力があるんだ! 自分はできるんだ!」と思える言葉かけをしてみましょう。

たとえば、むずかしい問題につまづいていたら
「むずかしいね。でも一つひとつゆっくりやっていけば、かならずできるようになるからね」
「あなたなら必ずできるよ! 応援してる」
なんてどうでしょう?

勇気づけられた子どもは、心の奥にお母さんの言葉が染みていき、本当にそのようになっていきます。

人はイメージしたことに近づいていきます。

子どもが自分にどんなイメージを持つかは、子どものときに身近な大人にどんな言葉を多くかけられたかがじつはとても重要になってくるのです。

第2章 学習に関わる言葉かけ

> いままでガミガミ言ってたとしても落ち込まないで!
> 勇気づけも言葉かけも"上書き保存"できるから。
> ガミガミ言ってしまっても、「あとで2倍勇気づけの言葉をプレゼントしよう♪」と考えてみて!

01 勉強も宿題も なかなか始めない

このまま勉強をしなかったらと思うと息子の将来が心配……

小4の息子は、学校から帰るとすぐに遊びに行ってしまい、**寝る時間ギリギリにならないと宿題を始めません**。学校から帰るなり、いつも「早く宿題をすませてしまいなさい！」と言うのですが、聞く耳を持ちません。**顔を見るたび「宿題はやったの？」とか「勉強しなさい！」と言ってしまいます。**

あまり言うのはよくないのもわかってはいるのですが、このまま勉強をしなかったらと思うと息子の将来が心配で……。（小4男子の母）

Before

いつになったら宿題を始めるの？
早くしなさい！

> ワンポイント

まずは親子の話し合いを！
「私メッセージ」で伝える。

子どもの信頼し、「横の関係」でアドバイス

　子どもが勉強しないと心配になりますよね。心配で、つい口うるさく言ってしまう。わかります！わかります！

　それも母ゴコロなんですよね。でも、もし自分が親から、また他の人から口うるさく言われたら、やる気もますますなくなってしまうはず。あまり口うるさく言うと「勉強＝いやなもの」というイメージが強化されてしまうので、まずはお子さんと話し合ってみましょう。

　宿題は子どもの「課題」（132頁参照）ですから、子どもに「いつ宿題をするか」決めてもらいます。決めたら本人に任せ、お母さんは見守ってください。もちろん「お母さんは早めにすませるとあとで楽だと思うのだけど、どうかな？」と提案してもOK！　上から目線でガミガミ言うのを控えて、子どもを信頼し「横の関係」で接してみてくださいね。

After

**何時頃宿題をやる予定にしてる？
早めにすますと
あとで楽かもしれないよ。**

宿題しないなら罰を!? 〈アメとムチが必要よね〉

宿題しないならおやつはナシよ！

▼

おやつがあるけど、宿題の前に食べる？
それとも宿題が終わってから食べる？

⇨ 賞罰で子どもをコントロールしない。

宿題をしていない様子に 〈ついうるさく言っちゃう〉

宿題やったの？（強い口調で）

▼

▶今日はどんな宿題が出ているの？
▶一緒に宿題やろうか
▶何時に宿題をすませる予定？

⇨ 上から目線で指示命令はNGです。上から目線でしつこく言われたら、誰でもやる気が出なくなってしまうもの。いつでもお母さんは応援しているよ！という「横の関係」で関わりましょう。

テレビゲームに夢中 〈いつになったら宿題始めるの？〉

いい加減にしなさい！

▼

▶何時になったら宿題始める？
▶何時までゲームをするの？

⇨ 子どもに時刻を決めてもらいます。話し合ってルールづくりをしましょう。

😈 テレビゲームに夢中　〔そもそもゲームがなければ……〕

> ゲームをやめなさい！　ゲームを捨てるよ!!

▼

😊 **何度も約束が守れていないから、ルールについてもう一度話し合おうか。**

⇨ 親が一方的にルールを決め、罰を与えるのではなく、子どもと一緒に話し合いながらルールを決めます。うまくいかないようならまた話し合ってルールを再検討します。

😟 宿題の締め切り前日になって焦っている　〔今さら何を言っているんだか〕

> だから言ったじゃない！
> あれほど早くやりなさいと言ったのに。

😊 **ギリギリになって焦っちゃうよね。これから、こうならないようにどうしたらいいと思う？**

⇨ 失敗をとがめない。失敗を糧として次に活かせるように、子どもに考えさせましょう。

命令口調は控えよう

　もし自分が「料理の味つけを薄くしなさい！」「掃除はていねいに！」「お皿を運びなさい！」などと、命令口調で指示ばかりされたらやる気をなくしてしまいますね。命令口調は、自分が上に立ち、相手を下に見ていることになります。アドラー心理学では「横の関係」を大事にします。相手と相互尊敬、相互信頼でつながるために、言い方を工夫して、よりよい親子関係を築きましょう。

第2章　学習に関わる言葉かけ

02 宿題を適当にすませている

漢字練習のあまりの字の汚さにがく然……

　このあいだ息子の漢字ドリルを見たらびっくり！　汚い字で練習していて、とめ、はね、はらいも、めちゃくちゃなんです。たまには横棒が1本増えていたり、減っていたり……。早く遊びに出かけたくて焦っているのか、**間違いだらけで、とりあえずやっておけばいい、と思っているようなんです。**注意しても言うことを聞かず、困っています。　　　　　　　　　　　　　　　（小3男子の母）

Before

汚い字！
もっとていねいにやりなさい！

ワンポイント

ダメ出しすると、
どんどんダメになっていく。
ヨイ出ししながら思いを伝えよう。

よしあし関係なく「注目された行動」は増えていく！

早く遊びに行きたいのですね！ 子どもらしくていいですね。でも適当にすませているのは困ります。子どものダメな部分を注意してよくしようと思っても、なかなかうまくいきません。というのも、**人は注目された行動が増えていくので、できていない部分を注意すればするほど、ますますできない状態が増えていく**からです。こんなときこそヨイ出しを！

「遊びに行く前に宿題をやっているんだね！感心だわ。早く遊びたいのもわかるけれど、落ち着いてていねいな字で書いてほしいな。そうすると間違えないし、勉強も身につくよ」

ダメなところが気になるのは人間皆同じで自然なことです。でも、ダメ出しを控えてヨイ出しした方が子どもは伸びるので、ヨイ出しをしてから「もう少しこうしてみては？」という提案を穏やかに伝えてみましょう。

After

宿題すませたんだね。
自分からやって感心だわ。
落ち着いて字をていねいに書けると
もっといいね。

何度言っても字が汚い　〔まったく誰に似たのやら……〕

こんな字を書いていたら大人になったとき恥ずかしいよ。なんでていねいに書けないの？

▼

もう少していねいな字で書くと見やすくていいね。

⇨ 大切な友人に話しかけるように言葉をかけましょう。大事な友人にガミガミ言わないですよね！

何度も言っているのに"適当グセ"が直らない　〔注意するの何回目……？〕

ちゃんとやりなさいって何度も言っているよね!!

▼

ゆっくりていねいにやってみようか。

⇨ もしかしたら落ち着けない環境で勉強しているかもしれませんね。静かな空間で、お母さんも隣に座って、子どもの心が落ち着くように勇気づけましょう。

ぐちゃぐちゃに書いているせいで計算を間違えている　〔もったいない……〕

だから言ったじゃない！　汚いから間違うのよ！

▼

本当は、わかってるのにもったいないね。どうやったら間違えなくなると思う？

⇨ 改善点を子どもに考えさせましょう。お母さんはサポーター、応援係です！

答えを写して早く終わらせようとする〈ずる発見！〉

> なんで答え見てやっているの！
> それじゃ意味ないでしょ！

> お母さんは、答えを見ない方がいいと思うな。どうしてだと思う？

⇨ お母さんの考えを伝えて一緒に話し合いましょう。お母さんはサポーター、応援係です！

宿題を見たら間違いがぽろぽろ〈見直したのかな？〉

> 全然だめじゃない（間違いだらけ…）

> 間違っているところがあるね。自分で直せるかな？

⇨ 否定せず、優しい口調で。

勉強するのはなんのため？

　講座などでこの質問をすることもありますが、じつは大人でもすぐに答えられる人は少ないものです。なぜ勉強をするのか、勉強ができると、どんないいことがあるのかについて、お父さんも交えて家族で話し合ってみるのもいいですね！　たとえば、将来やりたいことの幅が広がるとか、人の役に立つことができるなど、いろいろな考えがあるでしょう。まだピンと来ないかもしれませんが、「こんないいことがあるんだ！」を知りながらやる勉強と、ただ言われるまま勉強するのでは違うような気がするのです。

03
勉強がわからなくて子どもがふてくされている

教えてあげたのに逆ギレされて……

子どもが算数の計算のしかたがわからないというので、見てあげたんです。ここをこうするといいんだよ、と言うと、**逆ギレをして「わかってるよ！」とか「その説明わからない！」などと、反抗的な態度を取り、ふてくされてしまいます。** せっかく教えてあげているのに、**私も感情的になってしまい、なかなかうまくいきません。**

（小6女子の母）

Before

> 何、ふくれっ面してるの！
> 教えてるんだからちゃんと聴きなさい！

> ワンポイント
> 子どもの気持ちに「1に共感！
> 2に共感」。気持ちに寄り添いながら、
> 子どもを応援する。

第2章 学習に関わる言葉かけ

共感と応援係に徹して！

親が子どもに教えるのって、お互い甘えが出てしまいなかなか難しいもの。どの家でもそうらしいですよ。

難しくて、またはなかなか思うようにできなくて子どもは困っているのですから、そんな子どもの気持ちの寄り添ってみましょう。ふてくされていたら「難しいよね。なかなかできないといやになっちゃうよね。でも大丈夫。ゆっくり少しずつやっていこう。お母さんはいつでもあなたの味方だよ。応援してる」そう勇気づけながら、笑顔でお子さんの応援団長になってください！ 子どもが「お母さん、わかってくれている」と思うと、心を開いて素直な態度になるかもしれませんよ。

After

難しいよね。でも大丈夫だよ。
練習すれば、
だんだんできるようになるよ！

宿題チェックしたら間違い発見。 💬 自分の宿題でしょ！
ところがそれを指摘しても「どこが間違えているかわかんなーい」

> 少しは自分で考えなさい！

> **一緒に確かめてみようか。**

⇨ お母さんが見守ってくれている、という安心感を与えます。
親が怒ってばかりいると、子どもは焦ったり、話を聴くのがいやになったりしてしまうものです。

通信教材に手をつけていない 💬 お金の無駄……

> ためているなら、やめちゃうよ！

> **たまっちゃうとやる気が出ないよね。**
> **どうやったら、計画的に（ためないで）できそうかな？**

⇨ 改善点を一緒に考え、寄り添います。

毎日ドリル1枚と約束したのに、守らない 💬 無理なこと言ってないのに！

> 約束破ったってことだよね！　だめじゃない！

> **どうしてうまくいかなかったと思う？**
> **どうやったらうまくいくと思う？**

⇨ 子どもを責めずに、穏やかな口調で問いかけます。

間違いを指摘したらふてくされている

「この子のために思って言っているのに……」

> はぁ…（これ見よがしにため息）。
> だから勉強できないのよ！（チクリ！）

> **お母さん、あなたのことが心配なんだ。**

⇨ 子どものことを心配していることを、「私メッセージ」で伝える。

なかなか進まなくて子どもがイライラしている

「こっちもイライラしてきた！」

> あなたがそうやってイライラするからダメなんでしょ！
> 落ち着きなさい！

> **何かわからなくて困っているのかな？**
> **一緒にやってみる？**

⇨ 子どもが安心して取り組めるように、親はどーんと構えて接することが大切です！

第2章 学習に関わる言葉かけ

04 集中していない

テレビを観ながら宿題ってありえないですよね……?

小3の息子のことで相談です。うちの子は学校から帰ってすぐに宿題はするのですが、**宿題をしながらいつもテレビを観てしまうため、なかなかはかどりません。**テレビを消しなさいと言っても、「このコーナーが終わるまで!」と消すのを先延ばしにして、私がその場から離れると、またテレビをつけてしまいます。そこでいつも**「集中しなさい」**と怒ってしまうのですが、**同じことの繰り返しで、いつもどおりダラダラと宿題をする毎日……。**何かよい方法はあるでしょうか?　　　　　　　　　　（小3男子の母）

Before

集中しなさい!

> **ワンポイント**
>
> 環境を整え、
> どうしたら宿題がはかどるか、
> 親子で話し合いを。

「絶対に観ちゃだめ」以外の方法も提案してみて

お母さんに言われなくても、息子さんは学校から帰ってすぐに宿題をするのですね！ まずそこを勇気づけましょう。「いつも学校から帰るとすぐに宿題をして感心ね」と。そしてお母さんの思いを話してみましょう。「だけど、テレビに気が散ってるみたいで宿題に時間がかかっちゃうね。テレビを観ながらダラダラやるより、集中して早めにすませた方がいいと思うけど、どう思う？」と。もしかしたら学校から帰ってすぐに宿題はすませてしまいたいけれど、本当は疲れていて（休みたくて）集中できないのかもしれません。そんなときは、「帰ったら少し休んでから（テレビを観て気分転換して）、宿題してもいいんじゃない？」と提案することもできますね！

After

進んでいないみたいだけど、大丈夫？
宿題終わってから観る？
観てからやる？

勉強している最中にすぐに話かけてくる　〈それ、勉強と関係ないし〉

> おしゃべりなんかしていないで、
> さっさとやっちゃいなさい！

▼

> 勉強に集中してみようか。
> あとで話そうね。

⇨ 命令口調は控えましょう！

気がつくとマンガばかり読んでいる　〈いやみのひとつも……〉

> また、マンガばっかり読んで。
> マンガなら集中できるのにね（いやみ）

▼

> 時間を決めてやってみたらどうかな？

⇨ 否定をしたり、いやみはNG。「お母さんはこう思うよ」と提案する姿勢が大切です。

ぼーっとして何もしていない　〈その時間があるなら……〉

> 勉強していないなら、こっちを手伝ってよ！
> 忙しいんだから。

▼

> どうかしたのかな？
> 何か気になることがあるの？

⇨ 子どもに気になることがありそうな場合は、詰問にならないように聞いてみます。学習内容でつまずきがあるなら、何で困っているのかをきき、教えた方がいいか聞いてみましょう。

🗣 勉強中、筆箱のなかの文房具をいじり出した 〈また気がそれてる！〉

> 手悪さしない！

▼

> 集中できていないみたいだけど、大丈夫？
> 今、どんな勉強しているのか教えて？

⇨ ノートやドリルを見せてもらい、「こんなことを勉強しているんだね」と子どもに関心を向けたり、「わからないところがあったら言ってね」などと声をかけ、集中するきっかけをつくりましょう。

🗣 ひとつのことをやり終えていないのに、次のことを始めて、どれも中途半端…… 〈ああ、散漫〉

> 終わってから次のことをやりなさい！
> どれも終わっていないじゃない!!

> やりたいことの順番を決めてやってみようか。

⇨ 優先順位を子どもに決めさせます。

第2章 学習に関わる言葉かけ

05 テストが返されて…

ケアレスミス、うっかりミスはどうしたらなくなるの？

うちの小4の娘は、勉強は比較的できるほうなのですが、**ケアレスミスが多く**（わかっているのに間違う）、**なかなか100点を取ることができません。**「もっと落ち着いて取り組みなさい」とか、「なんでつまらない間違いをするの？」と子どもを責めてしまいます。ふだんの生活のなかでも、忘れ物も多く、字も乱雑、物の扱いも雑で困っています。私も仕事で忙しく、なかなか子どもとゆっくり話をするのもできないのですが、**子どもとの話し合いのポイントがあれば教えてください。**

（小4女子の母）

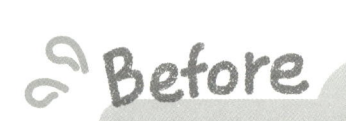

Before

なんで同じ間違いばかりするの！

ワンポイント

どうしたら
うっかりミスをしないですむか、
子どもに考えさせて！

生活全般で落ち着いて行動する練習を

　ふだんの生活のなかでも、あわてんぼうで、うっかり忘れ物をすることが多いのですね。物の扱いや字も乱雑ということなので、生活全般で落ち着いて行動する練習をするとよいでしょう。お母さんも日々お忙しいそうですが、**お母さんも少し意識して、娘さんとゆっくり話をしたり、親子で心が落ち着く環境をつくる工夫をしてもいいですね。**5分とか短い時間でも宿題を一緒にやってみてはいかがでしょう？　ゆっくり問題を読んで、お母さんの見守るなか、安心してていねいに答えを書く……という経験を積み重ねてみましょう。そして、どうしたらテストでうっかりミスをしないですむか一緒に考えましょう。問題文に線を引くとか、見直しを3回するとか、算数で単位が書けているか確認する、など、いろいろな方法が考えられますね。

第2章　学習に関わる言葉かけ

After

落ち着いて取り組むとできる問題だね。
落ち着いて回答するために
できることはないか
一緒に考えてみようか。

簡単なところで間違えている 〈え！ここ？〉

> なんで同じ間違いばかりするの！（怒るだけで解決しない）

> 間違えた理由がわかるかな？

⇨ 子どもに解決策を考えさせましょう。間違いが成長のタネになります。

計算などでケアレスミスをしている 〈他のこともいい加減だからよ！〉

> こんな簡単な問題を間違えて…。
> 普段から落ち着きがないからダメなのよ。

> もしかしたら慌てちゃったのかな？
> 今解けばできるかな？

⇨ 決めつけはNG。落ち着いてやればできるという体験をさせたいですね。

子どもが落ち込んでいる 〈落ち込むくらいなら見直してよ〉

> ▶自分でやった結果なんだから、仕方ないじゃない！
> ▶ま、次はがんばりなさい！

> 残念そうね。ここはよくできているね。
> できなかった部分に力を入れてみようか。

⇨ 気持ちに共感します。また、これから何をしたらよいか課題を見つけられるようにしましょう。

第2章 学習に関わる言葉かけ

100点をとった 〈やるじゃない！〉

さすが○○ちゃん！

▼

うれしそうね！
今回のテスト勉強、がんばっていたものね。

⇨ 人格をほめるのではなく、100点につながる勉強をしていた、プロセスと行為を認めましょう。

100点満点！ 〈お母さんもご機嫌！〉

100点とるなんてえらいわ。何か買ってあげる！

▼

お母さんもうれしいわ。

⇨ 物で釣るのではなく、うまくいった理由を考えさせ、次に活かせるようにします。

ごほうびの副作用とは

　たくさん勉強してよい点を取ってくれるなら……。そんな親心もわかります。しかし、「ごほうび」には副作用もあるのです。それは、エスカレートすることと、ごほうびをくれる人がいないとやる気が出ないことの2点です。テストでよい点をとったら、物をあげるのではなく、達成した喜びに共感しましょう。「がんばっていたもんね」とか「うれしそうね。お母さんもうれしい」など。ごほうび自体が悪いのではなく、副作用があるのでほどほどに、ということです。自分のなかでがんばってみようとか、やってみたいと思うことで行動できることを大切にしたいですね。すでにごほうびをあげ続けてしまっているようなら、頻度を少しずつ減らし、子どもを勇気づけるようにしてみてください。

06

通知表を
もらってきたけれど…

本人が一番ショックを受けているのはわかるけど……

　２学期の通知表の成績が１学期よりかなり下がっていて、娘はだいぶ落ち込んでいます。確かに１学期より勉強していなかったように思って、**つい「こんなに下がるなんてだめじゃない！もっと勉強しなさい！」と頭ごなしに言ってしまいました。**とくに自分が得意だった算数の成績が下がっていたことが一番ショックなようですが、**これでやる気をなくしてしまわないか心配です。**

（小５女子の母）

Before

こんなに成績下がってだめじゃない！
もっと勉強しなさい！

ワンポイント

残念な気持ちに共感して今後のやる気につながるように勇気づける。

一番困っている子どもの気持ちにまず共感

通知表を見て成績が下がっていると親としては心配になってしまいますね。親心からつい何か言いたくなってしまうかもしれません。ですが、子どももすでに「困ったなぁ」と思っているわけですから、そこを怒ったり注意したりするよりも、子どもの気持ちに共感し、今ここからできることを一緒に考えるとよいでしょう。「算数の成績が下がってガッカリしているんだね。どうして下がってしまったと思う？」と質問し、たとえば「わり算が難しかったの」と子どもが答えたら、「そうなんだね。じゃぁ、苦手なわり算の勉強をこれから少しがんばってみようか。お母さん応援するよ」と勇気づけてください。具体的に、いつ、どのように、勉強をするか一緒に考えて計画を立てるのもよいですね。

第2章 学習に関わる言葉かけ

After

残念だったね。
これからどんなふうに
勉強したらいいと思う？

前回よりも成績がよくなった項目がある。

（いいとこ見つけてほめなくちゃ！）

> やればできるじゃん！

▼

> がんばったわね。
> ○○の学習、一生懸命やっていたもんね。

⇨ 過去と比べ、成長したことを伝え、自信を持たせます。

ほとんど「よくできる」なのに「できる」が気になってしまう

（ついつい目がいっちゃう）

> ここができれば完ぺきなんだけどな。

▼

> 学校でがんばっているのがよくわかるわ。
> 先生の話もよく聞いているのね。

⇨ できていないことより、まずはできていることに目を向けましょう。

所見を見て

（どれどれ、先生はどこを見てるの？）

> 案外がんばっているじゃない？

▼

> お母さんはあなたのこういうところが
> （具体的に示して）いいと思うな。

⇨ 学校で適切な行動をしていることを認め、勇気づけ、自信を持たせます。

ついきょうだいと比べてしまう

言っちゃダメだとわかってるんだけど…

> お兄ちゃんは、もっとできたわよ。

> あなたは○○が得意みたいね
> （○○を頑張ったみたいね）

➡ それぞれの「よさ」に焦点をあてましょう。もしも比べるのなら、対象はきょうだいではなく、その子の「過去」にして、「去年は算数が苦手だったのに、今年は少し成績が上がったね」などと言葉をかけましょう。

終業式の日は「ヨイ出し会」はいかが？

　終業式の日、成績表を見ながらお子さんと一緒にこの1学期間を振り返り、お子さんを勇気づけましょう！　たとえば、
「わり算の筆算が難しかったけれど、がんばって練習していたよね」
「毎朝、ポストから新聞を取ってくる手伝いをしてくれたね」
「元気に毎日学校に行けたね。お母さんもうれしい」
「運動会では最後まであきらめず、全力で走っていたね」
　など、なんでもOK！
　反対に、お子さんからお母さんにヨイ出ししてもらってもいいですね。「お互い、自分のヨイ出しを3つずつしてみよう」と、話し合うのも楽しそうですね。我が家では、終業式の日はスイーツを食べながら、子どもたちと「ヨイ出し会」をするのが恒例です。

07 受験勉強をしない

受験したいと言ったのは息子なのに……

　小6の息子は、中学受験をしたいと希望して、4年生秋から塾に通っています。ところが、最近勉強せずにだらだらしていることが多くなって心配しています。友だちとゲームをしたり、スマホをいじったり、家でゴロゴロしてテレビを観ていたり……。　高い授業料を払って通塾しているし、**ライバルたちに差をつけられるのではとイライラして、ついきつい口調で「勉強しないと受からないよ！」と言ってしまいます。**そんなことを言うほど逆効果だとわかってはいるのですが……。

（小6男子の母）

Before

他の子はみんな
寝ないでがんばっているのに！
もっとがんばりなさいよ。

> **ワンポイント**
> 本当に受験をしたいかどうか
> 子どもに再度確認し、
> どうしたらよいか親子で話し合う。

本当に受験をする気があるのか再確認

　子どもが受験を望んで塾に通っているのに、遊んでばかりいると困ってしまいますね。**息子さんは本当に受験をしたいのでしょうか。**そこを本人に確認したいですね。受験したいと言った場合は、「この調子だと合格は難しいかもしれないよ。あなたが希望するから塾にも行ってるんだし、もう少し勉強に力を入れてみては？」と伝えましょう。もし、本人が「やっぱり受験したくない」と言うのなら、やめてしまうのも方法のひとつでしょう。**本人のやる気なくして受験は難しいものだからです。**もちろん、そこで「お母さんは、受験したほうがいいと思うよ。なぜなら……」とお母さんの気持ちを伝えて話し合いをしてもいいですね。**勉強ばかりだと辛くなるので、勉強と遊びのメリハリをつけて気分転換をしながら集中力を養うことも大事です。**もちろん、他の子と比べるのも本人のやる気をそいでしまうので、NGです。

After

休みたいときもあるよね。
でもずっと続くのは心配だわ。
少しずつでもいいから、
やってみるのはどう？

子どものやる気がなくなった 〈なんでこのタイミングで？〉

> 受験が終わったら○○を買ってあげるわ。

> 何かあったの？　心配だわ。
> 気分転換するのもいいんじゃない？

⇨ まずは気持ちに共感。やる気が出なくなるのは自然なことだということ、切り替えることの大切さを伝えます。

受験したくないと言い出した 〈何を今さら……〉

> 今さら何を言っているの。
> あなたが受験するって言ったのよ！

> 何かあったの？
> 話を聞かせてほしいな。

⇨ まずは気持ちに共感し、味方であることを伝えましょう。

がんばっているのになかなか成績が上がらない

> ▶やり方が悪いんじゃない？
> ▶努力が足りないんじゃない？

> そういうときもあるわ。
> でもがんばっていることは
> あなたの力になっているはずよ。

⇨ 結果だけに注目しない。がんばっていることを認め、勇気づけしましょう。

塾に行くだけで、家庭学習をしない 〈切り替えがはっきりしすぎ!?〉

家でも勉強しなくちゃ意味ないでしょ！
塾に行くお金が無駄よ。

▼

塾で勉強したことを自分の力にするために、
家でも勉強するのはどうかな？

⇨ お母さんはこう思うよ、ということを「私メッセージ」で伝える。

根詰めすぎで、ちょっと様子が心配 〈つぶれちゃわない？〉

▶がんばれ！　がんばれ！　その調子。
▶もっとがんばりなさい！

▼

▶がんばってるね。無理してない？
　お母さん心配だわ。
▶一生懸命やっていて感心だわ。

⇨ がんばっている子にこれ以上の「がんばれ！」はNGです。
　 がんばっている、その姿勢を認め、応援しましょう。

志望校に不合格になってしまった 〈後悔するくらいなら……〉

勉強の量が足りないからこうなるのよ。
もっとやっておけばよかったのに。

▼

残念だったね。
がんばっていたこと、お母さん知っているよ。
この経験がきっと活きるときが来るよ。

⇨ どんなときも子どもの気持ちに共感し、がんばりを認めましょう。

第2章　学習に関わる言葉かけ

Column

「話し合う」って
どうやるの？

　アドラー心理学では、親子で話し合うことをとても大事に考えます。親子でよい雰囲気で民主的に話し合いをするには普段からの関係づくりが大事です。いつも子どもに命令や指示をして高圧的に関わっているとしたら、それは上下関係の親子になるので、話し合いはうまくいきません。そうではなく子どもをひとりの人間として尊敬し信頼した、「横の関係」で関わります。

　たとえるならば、尊敬している大切な友人に話しかけるように。
　親は子どもの心に土足で入っていくのではなく、子どもの心に入るときにトントンとノックをして入っていくイメージです。

> ○○ちゃん、ちょっといいかな？
> お話があるの。

（ドアをノック）

> あのね、いつも○○がお風呂に入る
> 時間が遅くて、お母さん困っているの。

（困っていることをていねいに伝える）

> 洗濯も早めにすませたいし、
> 協力してもらえるかな？

（命令するのではなく、お願いをする）

　このように心をノックして横の関係で話すと、子どもの心のドアが開いて子どものなかにスーっと入りやすくなります。逆に、土足でガンガン入ろうとすると子どもの心のドアは閉まったままですからお母さんの言葉は子どものなかに入っていきません。

　子どもをひとりの人間として大切に関わっているというメッセージが伝わると、子どももお母さんの思いを大切に受け止めたり、お母さんの役に立ちたいと思うようになるかもしれません。

　誰かが困っているとき支え合うのが家族。意見が違ったら話し合う。相手を傷つけず自分の考えを主張して、相手の意見も聴きながら話し合いができたらステキですね。子どもが将来社会に出たとき、結婚して家庭を持ったとき、この話し合いがきっと大いに役立つことでしょう。

第3章

人間関係に関わる言葉かけ

ときには手を出さないのも「愛」なのね

人間関係の「困った!」に効く言葉かけって?

子どもを思うあまりについ心配して、口を出してしまうのも親心。でも、それがエスカレートして、本来子ども自身が解決するべき課題を、親が肩代わりしてしまうケースもあります。親は、子どもの成長に合わせて、ヘルプからサポートへ"立ち位置"を変えていくことが大切です。

子どもの「自立」に向けて親ができること

　生まれたばかりの赤ちゃんにとって初めて出会う社会が家庭です。家庭のなかで、お母さん、お父さん、きょうだいなどとの関わりを通じて、人間関係を学び、社会で生きていく基礎を学びます。

　学校、習いごと、地域の友だち……。成長するにつれて、人間関係も広くなっていくと共に、親からだんだんと離れた場所でも人間関係を築いていきます。そうなってくると、親の目の届かない場所で子どもがうまくやっているかどうか、心配することもあるかもしれません。そんなとき、親として心に留めておいてほしいのは、57頁でもお伝えした、

目指す最終地点、つまり「子育ての目標」です。
　子育ての目標は子どもを自立に向けて育てることです。

- **自分で考え行動できる「しあわせな」大人**
- **困難を乗り越える力を持った（問題解決能力のある）大人**

になるために親が子をサポートしていくことが大切です。
　子どもの成長と共に、いろいろな課題がやってくるでしょう。そのときに、子ども自身が考え行動することで課題解決ができたら、それが子どもの自信になり、将来しあわせに生きていく力になります。
　もちろん、急に自立させるわけではありません。子どもの発達段階や個性に合わせて、親は、少しずつヘルプからサポートする側へ移行していくイメージです。

問題解決能力を育てる＝困難を乗り越える力が身につく

　子どもが学校から帰ってきてメソメソ泣いる場面を想像してください。
「どうしたの？　悲しいの？　友だちと何かあったの？　話してごらん。お母さんがその子（先生）に言ってあげるから」
　なんて、質問攻めや介入をしたくなることもあるかもしれません。
　でも、そんなときは、次のように言ってみるのはどうでしょう？

「どうしたの？　大丈夫？　何があったかお話聴かせて」

　こんなふうに、子ども自身が話せる機会をつくってあげましょう。それでも泣いて話せないようなら、「話せるようになったらお話してね」と優しく伝えて、子どもが話してくるのを待ちます。

　あくまで「待つ」のであって、突き放すのではありません。「お母さんはいつでもあなたの味方」だと伝わるように、温かく見守ります。落ち着いて話せるようになったらていねいに話を聴いて、子どもの心の「安心基地」になりましょう。

　<u>お母さんが心の安心基地になれたら子どもは勇気を出して外の世界でがんばることができます。</u>ですから、

「泣いてばかりいないでしっかりしなさい！」

「あなたもどうせ何かしたんでしょう？」

　<u>などのダメ出しは引っ込めましょう。</u>

「話してくれてありがとう」とか**「こういうことで困っているんだね。どうしたらいいか一緒に考えていこうね」**と子どもを勇気づける言葉をかけます。

「こうしなさい、ああしなさい」ではなく、**「あなたはどうしたらいいと思う？」**とか**「お母さんはこう思うけど」**と伝え、最終的にどうするかは子どもに決めてもらいましょう。そうすることで、子どものなかに問題解決能力や「生きる力」が育っていくのです。

条件つきではなく、「どんな私でもOK!」を教える

　最近、就職活動中にうつ病になる若者が増えているそうです。

それには、内定がなかなかもらえず自分に自信が持てなくなるということが大きく関係しているようです。つまり、困難を乗り越える活力を失ってしまうのでしょう。

もちろん、それがうつ病の原因のすべてとは言いません。けれど、子どもの頃から失敗や挫折の経験、困難を自分の力で乗り越える経験を積み重ねていくことで、就職活動がうまく進まないといった小さな挫折に"折れない"たくましさも身についていくと考えています。

それと同時に大切なのが、「どんなあなたでもOK！」「あなたは素晴らしい存在」ということを身近な人、親の私たちが子どもに伝えていくことです。これが、できているようで意外にできていないものなのです。

じつは、条件つきで子どもを評価している親も少なくありません。

たとえば、100点をとったらいい子、60点はダメな子。おとなしく留守番できたからいい子、騒いで物でも壊そうものなら悪い子……。身に覚えはありませんか？

こうやって、**条件つきで評価されることに慣れていると、だんだんと子どもたちは自分のことも同じように条件つきで評価するようになっていきます。**「何かができる私はOK」で、「何かができない私はダメ」と、条件つきで自分を評価したり、外側からの評価で自分の価値を決めたりしてしまうと、自分に自信が持てなくなっていきます。

結果を評価するのではなく、姿勢や過程に注目し、常に自分を勇気づけ、自分を大切にすることも教えていきたいものですね！

子どもの課題にはできるだけ介入しない

私が開催しているアドラー心理学の子育て講座では、子どもの課題と親の課題にわけて考えます。そして、基本的には子どもの課題には親は手を出さず介入しません。

しかし、実際は誰の課題かがごちゃ混ぜになって、混乱しているケースが少なくありません。では、どうしたら、自分の課題か、子どもの課題かが明確にわかるのでしょうか？　それを見分けるには、その結末が誰にどのように降りかかるか、と考えると簡単です。

たとえば、「宿題をしない」という課題は、最終的に、子どもが宿題を忘れて先生に叱られる、とか、勉強がわからなくなって不便な思いをする、というふうに子ども自身に降りかかります。したがって、これは子どもの課題となります。「寝坊して遅刻する」についても、最終的に遅刻して恥ずかしい思いや不便な思いをするのは子どもですから、子どもの課題です。逆に、親の課題についても同じように考えます。

このように子どもの課題には基本的に親は介入する必要はありません。

でも、子どもの課題とはいっても、親として気になることはけ

っこうありますよね。たとえば子どもが解決の仕方を知らなかったり、子どもから相談の依頼があったときは「共同の課題」として親から考えを提案し、子どもにどうするか決めてもらうこともできます。

また、子どもが宿題がわからなくて困っているような場合には親はすぐに介入しません（もちろん「宿題、大丈夫？」と声をかけてもOK）。「ここわからないから教えて」と**子どもから依頼があったら、そこで初めて親が介入するのです。**もちろん、「自分で考えてごらん」と返すのでもかまいません。**常に親が介入しなくてもいいのです。**一度断っても、再び子どもが依頼してきたら、そこで初めて受けてもよいのです。

こんなふうに、「誰の課題か」とふりわけて考えて親が対応していくと、子どもは自分の課題を自分の力で乗り越える力が身についていきます。

きょうだいゲンカも、子どもの課題です。ただし、ケンカによって家具が壊れるとか、親が寝ようとしているのにうるさくて寝られないとか、明らかに親の自分も迷惑を被るときは、共同の課題として「このままだと家具が壊れそうだからやめてもらえる？」とか、「うるさくて眠れなくて困っているの。静かにしてもらえるかな？」と言うことができます。

好ましくない行動はスルーする

きょうだいゲンカがいくら子どもたちの課題とはいえ、それも度重なると、気になるものですね。けれど、やはりここはぐっとこらえて、よけいな言葉をかけたり、介入したりするのはやめま

しょう。なぜなら、きょうだいゲンカをその目的から考えると、**「親の注目を引くため」という場合が少なくない**からです。きょうだいゲンカをするとお母さんが注目してくれると学んでいる子どもは、自らケンカの種をつくり、「お兄ちゃんが叩いた〜！エ〜ン！」と泣いて親の注目を引くこともあります。つまり、注目されるために起こしていることに注目が集まると、さらにその行動が強化され、エスカレートしていくのです。

　ではどうしたらよいのでしょうか。

　きょうだいゲンカしているときだけ怒ったり注目をするのではなく、仲よく遊んでいるときに「仲よく遊んでくれるとお母さんうれしいわ」と声をかけたり、ふだんからあたりまえのような行動にも、「お母さん、あなたのこと見ているよ」と伝えることが大事なのです。

「きょうだいゲンカはプロレス」と言っていた方がいましたが、本当にそのとおり！　周りに人がいたほうがケンカも盛り上がります。意外と親の留守中には仲よくできているという話もよく聞きます。

ケンカは大切な学びの経験

　私の娘２人（６歳差の姉妹）もケンカをすることもあります。おもちゃの取り合いやゲームの取り合い、意見の食い違いなど、理由は様々ですが、私はほとんど介入しません。子どもたちもケ

ンカしても親は介入しないと知っているので、自分たちで解決しています。「お姉ちゃんが○○した〜」とか、「妹が△△した〜」という、よくある「言いつけ」もほとんどありません。私も人間ですから、姉妹の言い合いがあまりにもうるさいとイライラして、「うるさくて読書に集中できないからあっちの部屋にいってやってくれるかな？」と怖い顔で言ってしまうこともあります。

　でもそんな彼女たちを見ていて、ひとりっ子できょうだいゲンカをしたことがない私は、正直なところ、ちょっぴりうらやましくなったりもします。

　じつはケンカって悪いことばかりではありません。

　さっきまであんなに怒っていたのに、もう仲直りして仲よく遊んでいたり、妹にわがまま言われて怒っていても、少し時間が経つと、妹を思って優しく接していたり……。「きょうだい愛っていいな」と、ひとりっ子の私はほのぼのした気持ちになります。

　ケンカは、悔しい気持ち、怒り、いやな感情を感じて相手とぶつかり合いながら、相手を理解し、やがて許し、また仲よくなり……という経験です。それらをとおして子どもたちは人間関係を学んでいくのでしょう。

　きょうだいの数が減ってきた分、友だちや地域の人々と関わることで人間関係の基礎を学べる機会が増えるといいですね！

01 きょうだいゲンカが始まった！

ついお兄ちゃんにきつくあたってしまいます……

小5と小3の男子の母です。よくきょうだいゲンカをして困っています。たいてい**「お兄ちゃんがぶったー！！」と弟が私に訴えながら泣くパターン。こちらが忙しいときに限ってケンカをされることも多くイライラしてしまいます。**つい「お兄ちゃんなんだから優しくしなさい」と長男に注意をして弟の方にも「あんたも泣いてばかりいないの！　何かしたんでしょう？」と言ってしまいます。このパターンをやめたいのですが、何かよい方法はあるでしょうか？

（小5、小3男子の母）

Before

お兄ちゃんなんだから、優しくしなさい！

> **ワンポイント**
>
> ## どちらが悪いとジャッジしない。
> ## できる限り注目をしない。

きょうだいゲンカの「目的」は親の注目!

きょうだいゲンカをされると、うるさいしイライラしてしまいますよね。でもじつは、子どものほうではきょうだいゲンカをすることで親の注目を得たいと思っている場合も多いのです。もしかしたら弟が兄を怒らせて「お兄ちゃんが叩いた」と言えばお母さんに注目してもらえると思っているのかもしれません。きょうだいゲンカは危険でない限りできるだけ注目をせず、「2階に洗濯物を干しに行ってくるね」「うるさいから静かにしてもらえる?」などとクールに伝え、その場から離れるのもひとつの方法です。また間に入る場合でも、ジャッジせず両者の話をよく聴き、上の子に「お兄ちゃんは○○がいやだったんだね」「あなたはこう思っていたんだね」「あなたがぶつなんて、よほどのことがあったんじゃない?」、下の子に「痛かったんだね」と共感しましょう。話を聴いてもらって、少しすっきりする場合もあります。

第3章 人間関係に関わる言葉かけ

After

ぶつことはよくないよ。
でも何があったの?
聞かせてくれる?

どちらが悪いか よくわからないけど……

〔きょうだいなんだから 仲よくしてよ！〕

> なんで仲よくできないの！？

> 順番に話を聞かせてくれる？

⇒ きょうだいゲンカは親の注目を得るためにする場合も多いので、危険な場合を除いてなるべく介入しない。介入する場合もジャッジせず、両者の話をよく聞きます。

「○○なんて死ね！」と相手に言っている。

〔どこで覚えたの！〕

> なんてこと言うの！
> そんなことを言うんじゃありません！

> そういう言葉づかいは、よくないと思うな。
> 簡単にそういう言葉を使ってほしくないな。

⇒ 使ってほしくない言葉を伝えることや、どうして使ってはいけないのかを考えさせてもいいですね。相手の立場になって考える機会になるでしょう。人は誰もが一人ひとり大切な存在だということを日頃から伝えられるといいですね！

物の取り合い

〔解決策はコレッ！〕

> お兄ちゃんが貸してあげなさい！　順番にやりなさい！

> いつも取り合っているのを見るのが(聞くのが)
> いやなんだ。どうしたら、仲よく遊べると思う？

⇒ 上の子だけに要求しない。共有しているものを使う場合はルールが必要ですね。いつ誰が使うか、その使用時間など、子どもたちと話し合って決めることが大切です。

叩き合い、蹴り合いをしている……　＜ またか！イライラ ＞

うるさいから、外でやりなさい！

叩いたり、蹴ったりするのはよくないよ。
うるさくて仕事ができないから、
外でやってくれるかな？

⇨ 暴力的な行為はいけないことだと毅然と伝えます（感情的に怒るのとは違います→ 42 頁参照）。その後、お母さんが迷惑していることを伝えましょう。ケンカは親がいるときにヒートアップするようです。ですから、あえて、その場を離れるのもよいでしょう。大切なのは冷静に自分の気持ちを「私はこう思う」と伝えること、そして、注目しないことです。

妹が勝手にお姉ちゃんのお気に入りの本を読んで、誤って破いてしまった！　＜ うわっ、トラブルの予感 ＞

わざとやったわけじゃないんだから、許してあげなさい。

お気に入りの本が破れてしまって、
いやな気持ちだよね。

⇨ お姉ちゃんだからがまんしなさいとは言わないこと。大切な物を壊されてとてもいやな気持ちになっているお姉ちゃんの気持ちに共感しましょう。「こんなにされていやだよね。大切なものなのにね」というように。下の子には「お姉ちゃんが大切にしている物を壊しちゃったね」と事実を確認し、どうしたらいいか、再発を防ぐ方法を考えさせます。そして、謝る、元どおりにするなど自分のしたことに責任をとってもらいましょう。

> ふだんから
> 注目しよう　仲のよさ
> ケンカも減るし　みんな Happy ♡

第3章　人間関係に関わる言葉かけ

02 元気がない

心配がいつの間にか怒りに変わって……

　学校から帰ってくると、元気のない息子。「何があったの？」「もしかしていじめられたの？」など聞いてもしょんぼりとしていて話そうとしません。**話しかけているのに何も答えない息子を見ていると、何か言いなさいよ！　とだんだん心配が怒りに変わってしまい……**。反省です。このようなとき、どう関わったらよいのでしょうか。

（小3男子の母）

Before

何かあったの？　いじめられたの？
誰かに何か言われたの？
先生に言ってあげようか？（詰問口調で！）

> **ワンポイント**
>
> 質問攻めしない。
> 子どもが話しやすくなるように
> 安心感を与える。

話せないときは無理に聞こうとしなくて OK

かわいいわが子がしょんぼりと帰ってきたら、お母さんだったら誰もが心配になってしまいますよね。心配のあまり、いろいろ聞きたくなる気持ちわかります。でもいろいろ質問されると答えにくくなってしまうかもしれませんし、落ち込んでいるときに話をするのも辛いかもしれません。そんなときは、「どうしたのかな？　何かあったのかな？　もしよければお母さんお話聞くよ」と優しく伝えてください。**安心感を与えることで話せるようになるかもしれません。**もし話せないとしても無理に聞こうとせず、「話せるようになったらお話してね。お母さんはいつでもあなたの味方だから」と伝えましょう。

第3章　人間関係に関わる言葉かけ

After

元気がないみたいね。何かあったのかな？
困ったことがあったらお話してね。
いつでも聞くからね。

友だちに悪口を言われた、と訴えてきた

> まさか、いじめ!?

誰になんて言われたの？　お母さんが電話するわ。校長先生にも言おうか？

▼

それはいやだったね。
あなたは、そのときどうしたの？
これからどうしたいのかな？

⇨ 子どもの気持ちを否定せず共感しながら話を聞きます。それから、子どもにどうしたいか聞いてみます。

友だちに悪口を言われた、と訴えてきた

> その子、誰……？

お母さん、その子のことよく知らないんだ。だから明日先生に言って。（無関心）

それはいやだったね。どんなこと言われたの？

⇨ まずは、子どもの話を聞きましょう。話を聞いてもらえることで安心でき、事実も整理できます。状況を確認した上で、どうしたらよいか相談にのりましょう。

友だちができなくて困っている

> 引っ込みじあんで困るわ

自分から積極的に話しかけるのよ。お母さんはそうしたわ！

友だちができなくて困っているのね。
どんなことができるか一緒に考えてみようか。

⇨ 親はこうした、こうすべきだという押しつけは控えましょう。子どもが自分でできそうなことを決めて、自分でやってみることが大切なのです。

友だちとケンカしたようなことを言っているが、事実関係がよくわからない

うーん、どっちが悪いの？イライラするわ

よくわからないから、○○ちゃんのお母さんに電話して、お母さんたちで話してみるわ。

▼

どんなことがあったのか教えてくれる？

⇨ 子ども同士のケンカは子ども同士で解決することが大切です。ですから、まず自分がされたこと、自分がしたことを聞きましょう。
※ただし、状況によってはお母さん同士で連絡をとり、情報の共有をしておくことは必要な場合もあります。

仲間はずれにされてるらしいと聞いて

どうして!?

仲間はずれにされているって本当なの？

▼

最近、誰と遊んでいるの？
休み時間は何しているの？

⇨ 子どもが話しやすい、答えやすいことから聞いていくことをおすすめします。子どもの答えのなかに、仲間はずれと思えるような話があるかもしれません。その後は、共感し、今後どうしたいかを一緒に考えます。

第3章 人間関係に関わる言葉かけ

> どんなときも、お母さんはあなたの世界一の味方!!というメッセージを♡

03 友だち関係の気がかりに

子ども同士の貸し借りだけど……

クラスの友だちに本を貸したら、なかなか返してもらえず、娘が困っています。お気に入りの本だったこともあり何度か返してほしいと頼んだと言うのですが、そのたびに「わかった。今度持ってくる」と言うだけで、いっこうに返してもらえません。すっかりしょげてしまって、**もうこれ以上言ってもしかたないから……と、なかばあきらめている様子**。こんなときは友だちのお母さんに私から直接連絡をしたほうがよいのでしょうか？　　　　　　（小5女子の母）

Before

その子、最低だね！
もう貸しちゃだめよ！

> ワンポイント
>
> # 子どもの課題なので、できるだけ子どもに解決させよう。

ものの伝え方、言い方を学ぶチャンス！

　子ども自身が、友だちに「返してほしい」と自分の気持ちを伝えることが大切です。「〇〇がなくて困っているんだ。返してもらえるかな？」などと、本当に困っていることを相手に伝えるための、ものの伝え方、言い方を学ぶチャンスでもあります。

　子どもの課題なので、子ども自身が課題解決できるように親は、子どもの気持ちに共感し「お母さんはこんなふうにしてみたらいいと思うな」などと提案をしたり、子どもをサポートしましょう。

　状況によっては「友だちのお母さんに相談してみようか？」と提案してみてもよいでしょう。子どものほうから「お母さん、お願い」と依頼があったら、友だちのお母さんに連絡をして、状況を確認するものよいかもしれません。

第3章 人間関係に関わる言葉かけ

After

○ あなたは、その子になんて言ったのかな？いい方法を一緒に考えよう。

誰と遊んでいるか、はっきりしない　〈ちょっと不安……〉

> 誰と遊んでるの？　変な子と遊んでいるんじゃないでしょうね？

誰とよく遊んでいるのか教えてくれるかな。

⇨ なぜ誰と遊んでいるかを知りたいのか伝えます。「管理」が目的ではなく、いつも一緒にいて、相手の家に行ったり、何かを買ったりすることがあるなら、相手の親にお礼をする必要があるかもしれない、確認する必要があるから教えてくれる？　という感じで。

子どもが、友だちが悪口を言っていることを報告した　〈その子私が聞いてもひどいかも〉

> ○○ちゃんひどいね。お母さんにちゃんと言わないとね。

○○ちゃんがそういうことをするのを見たんだね(聞いたんだね)。そのときどう思った？

⇨ 子どもの話をよく聴きます。

友だちがみんな持っているもの（ゲーム、スマホなど）をほしがる　〈クリスマスじゃダメ？〉

> うちはうち。よそはよそなのよ!!

そうか。みんな持っているんだね。どうしてほしいと思っているのか教えてくれる？

⇨ まずは、頭ごなしに却下せず子どもの話を聴き、ほしがる理由を話してもらいましょう。

（親から見て）好ましくない子とつるんでいる

なんか気になる…

> あんな子と一緒にいちゃダメよ!!

▼

> ○○ちゃんと一緒にいるみたいだけど、○○ちゃんってどんな子なの？

⇨ 子どもの交友関係は子どもの課題ですが、親として心配ですよね。子どもは自分の友だちを批判されることを嫌います。見た目や噂だけで「どうせそうに違いない」と判断しない方がいいでしょう。見た目だけでは、判断できないこともあります。子どもの友だちに関心を示すことが大切です（ただし、尋問にならないように…）。

友だちから○○を持ってこい！と言われているらしい…。

ひどい話ね！

> そんな子と遊ぶのはやめなさい！

▼

> ○○○って聞いたけど本当なの？

⇨ 「○○を持ってこい！」にNoと言えないのには理由があります。たとえば、怖い、持ってくれば友だちでいられる、など。本当の友だちと言えると思うかどうか話し合い、親としての意見を伝えましょう。

「みんなと同じ物がほしい」にどう対処する？

「友だちが持っているから」は子どもが物をねだるときによく言うセリフのひとつですね。子どもの世界では、同じ物を持っていることが安心感につながるケースもあります。買う買わないを決めるまえに子どもには、どうしてほしいのか理由を話してもらいましょう。親子で話し合い、親が納得できれば買ってもいいですし、納得できなければ買わなくてもOK。子どもにとって、相手を説得するには、それなりの根拠が必要だということを体験できる場になります。

04 きょうだいで比べている

私にとっては2人とも大切な娘だから困ってしまう

小3の次女が、最近、**「お姉ちゃんと私、どっちが好き？」とよく聞くので、返答に困っています。** 5年生のお姉ちゃんはどちらかというと優等生タイプのしっかり者。小学校で活躍する姿に憧れつつも、ライバル心も芽生えた様子。「どっちも好きよ」と言うと、「どっちのほうが好きか言って！」と言われ……。その場しのぎで次女のほうが好きだというべきでしょうか？ **こんなとき、なんと言ったらいいのか**アドバイスをお願いします。

（小3、小5の母）

Before

どっちも好きに決まってるでしょ！
そんなあたりまえのことを聞かないで！

> **ワンポイント**
>
> # それぞれのよさを伝える。

自分のことを好きだと言わせたい子ども心！

親を困らせる質問のひとつですね。明らかに自分のことが好きと言わせたい質問です。かわいいですね！

ここでは、「○○なところ」というように、その子のいいところを取り上げるとよいでしょう。

「お姉ちゃんの○○なところが好きだし、○○ちゃんのこういうところが好きだわ」という言い方もできますね。たとえば「お姉ちゃんはヒマワリのようにパッと元気に咲いて、周りのみんなを元気にしてくれるようなところがいいと思う。あなたは、ユリの花のように上品でちょっと控えめだけれど優しく思いやりがあるところがいいね！」など。

第3章 人間関係に関わる言葉かけ

After

○

あなたの○○なところが好きよ。

「どうせ私はお兄ちゃんみたいにできないし」と何かと自虐的

> そんなこと誰も言っていないのに……

そんなこと言っていないで努力しなさい！

あなたの◯◯なところ、素敵だと思うな。

⇒ 自分で勝手に比較して劣等感をいだいてしまうことも少なくありません。ですから、その子のよさ、その子の"一番星"（20頁参照）について伝えられるといいですね。

上の子がなんなく理解したわり算で苦労している弟に

> あれ、ここでつまずく？

お姉ちゃんは、そこ、すんなりできたけどね

どこが難しいと思っているのかな？一緒にやってみようか。

⇒ できないことがあったときに、自分の力で解決させることも大切ですが、「どうせ、できない」と思っている子には、どこができないのかという点にしぼっていくといいでしょう。「ここ、難しいよね」と共感し、一緒に考える姿勢が子どもに安心感を与えます。

お兄ちゃんだけ◯◯を買ってもらってずるい！

> 年齢が違うんだから、当然でしょ！

あなたにはまだ必要ないでしょ！　何言ってるの‼

そうか、お兄ちゃんのものがいいなって思うんだね。でもこれは、お兄ちゃんが…（と説明する）。

⇒ 気持ちに共感し、説明することが大切です。幼い子に対しても、よくわかるよう、納得できるように話しましょう。

2人の子のいいところを認めたくて……ついひと言

個性に注目!?

> お姉ちゃんは勉強担当、○○ちゃんはスポーツ担当ね！

> **お姉ちゃんは○○が得意だね、○○ちゃんは○○が上手ね**

⇨ 決めつけないことが大切です。子どもには無限の可能性があります。あくまで、現時点で得意だと言えるだけなのです。よいところを認めながらも他の可能性も秘めていることを伝えられるのではないでしょうか。

きょうだいっていいもんだよね……

すぐに次の課題を与えると勇気をくじく⁉

「お母さん、苦手なトマト食べられたよ」と言ったとき、「苦手なのにがんばって食べたんだね！」と勇気づけるでしょう。そのときに「でも、たかしくんはピーマンも食べられるんだよ、あなたも食べなくちゃ……」など、人と比べられると、子どもは認めてもらえなかったと思い、自信とやる気をなくしてしまいます。これだとせっかくの勇気づけも台無しになってしまいます。「次は○○をがんばらないとね！」という激励も含めて、またすぐに次の課題を与えると、子どもの勇気をくじいてしまうのでご注意を。

Column
学校の先生から
電話が来たら

　学校からの連絡に、どんなイメージがありますか？もしかしたら、あまりいいイメージがないかもしれませんね。もちろん、ただの事務連絡や、「がんばっていた（いる）ことや、よかったことがあったので、お家でほめてください」という内容の電話もあることでしょう。ですが、実際のところ、ケガの報告やこんなこと（よくないこと）がありました、という内容が多いのでは？

　さて、今回は、「友だちにケガをさせてしまって、先生から電話がきた」という、あまりよくないケースを想定して考えてみましょう。

　先生は、関係する子どもたちから、話を聞いて事実の確認をし、指導をします。そして、「今日あったことを自分でお家の人に説明しておいてね。あとで先生から連絡するからね（脅迫ではなく穏やかに）」と伝えます。
　そして放課後、電話で自宅に連絡……という流れになります。
　その電話は、「お子さんからお聞きになりました？」という内容からスタートすることが多いかもしれません。話していれば「正

直にお話していたんですね」、話していなくても「話にくいことですからね」と続きます。ここで、子どもが話していなくても、**電話を切った直後に「なんで話さなかったのよ！！！」なんて怒らないでくださいね。**

子どもは、自分のしたことがわかっています。学校で先生に話をされたときから、授業中も、休み時間も家に帰るまで、お母さんにどう言おうか、ずっと気にしていたのかもしれません。

ですから、ちょっとだけその気持ちをくんで対応しましょう。ここは、子どもにとって、自分のしたことを話すことを学ぶ大切な機会です。

まずは「どんなことがあったのか教えてくれる？」からスタート。ここで**「怒らないから安心してね」と言ってもいいのですが、これを言ったら絶対に怒らないことです。**ここで怒ってしまうと、今後、子どもは話さなくなってしまいます。

もしも事情を話してくれたら、
「そうか、そうだったんだね。話しにくいことを話してくれてありがとう。うれしかったわ」
「今後（今から）どんなことに気をつけたらいいと思う？」
と言葉をかけます。

家では、冷静に「何がまずかったのか」、「今後どうすればよいのか」を話し合うことが大切です。学校でたっぷり指導されていることが多いので、家では同じことはしなくていいでしょう。

そして、家で話し合ったことを、連絡帳などで先生に報告すると、なおいいでしょう。

Column
よく遊ぶ子の保護者とは 連絡をとって共通理解を！

　友だちと仲よくなるとお互いの家を遊びに行き来する機会も増えてきます。子どもにとっては、学校とは違ったことをいろいろと学べるチャンスです。たとえば……、

- あいさつ、靴を揃えるなどの礼儀
- 自分で時計を見て行動すること
- お土産やお菓子を持参する心遣い（毎回だとお互い気を使いますので、「最初のときだけ」など、親同士で話し合って決めておくとよいでしょう）
- 宿題をしてから遊ぶなど、ルールと段取り

　これを機に、よく遊ぶ友だちの保護者の方と連絡をとって、共通理解を深めておきましょう。お小遣いの額やお金の使い方などについて話をしてもいいでしょう。

　近所の人や、お母さんたちと情報交換しながら、一緒に考え、わが子だけではなく、みんなでお互いの子どもを育てていけたら素敵ですね。もちろん、皆に合わせるのではなく、自分にとって子育てで大切にしたいことは何かを考え、自分なりの思いを持つことが大事です。

第 **4** 章

あたりまえのことを勇気づける

じつはこれが
とーっても大切!!

なんでもない「日常」の言葉かけが大切！

あたりまえのことは目立たない

　講演会などで、「最近どんなときに子どもを勇気づけましたか？」と質問すると、お母さんたちから「そういえばほとんどしていないかも……」とのお答えが返ってきます。それも当然かもしれません。ふつうは、100点を取った、留守番をした、お手伝いをした、姿勢よく静かに待てた、何かをがんばった、など、何か特別にできたときに子どもをほめることが多いでしょう。

　でも、何かが特別にできたときだけではなく、ふだんのあたりまえのようなことにも言葉をかけるのはいかがでしょうか？

　たとえば、お母さんの仕事はたくさんあって大変ですよね！洗濯、掃除、料理、片づけ、布団干し、子どもの世話、学校の役員の仕事、働いているお母さんは自分の仕事も……。

　でも、そういった日常のあたりまえのようなことに、感謝の言葉をもらうことはそんなに多くはないでしょう。

　そんなとき、夫や子どもから、
「いつも、おいしいお料理をありがとう」
「部屋がきれいで気持ちいいね」
「ふわふわの布団で眠れるのもお母さんのおかげだよ」

などと言われたら、うれしくありませんか？ また明日からがんばろうという活力になりますね！

こんなふうに温かい言葉をもらえたら、お母さん自身も夫や子どもを勇気づけたくなるでしょう。

こんなふうに勇気づけのバトンがつながっていくのだと思います。自分がしてもらったらうれしい言葉かけを、まず自分から子どもにしてみましょう。ポイントはあたりまえのようなことに目を向けることです。

「ないものねだり」より「あるもの探し」を

私たちは、あたりまえのような毎日を過ごしていますが、本当は家族が皆事故もケガもせず元気に過ごせたことはあたりまえではないのかもしれませんね。しかし、わが子に少しでもよくなってほしいと思うがゆえに、あたりまえのことを見すごして、どうしても欠点に目がいき、引き算の考え方をしてしまいがちです。

でも、思い切って足し算をしてみましょう！「ないものねだり」より「あるもの探し」です。

第4章 あたりまえのことを勇気づける

引き算思考

今、生きているだけで	100点
・朝寝坊した	－10点
・朝ご飯を半分も残した	－10点
・忘れ物をした	－10点
・寝る前に宿題をしなかった	－10点
	60点

足し算思考

- 今、生きているだけで　　　　　　　　　100点
- 朝寝坊したけど自分で起きてきた　　　　＋10点
- 朝ご飯を半分は食べた　　　　　　　　　＋10点
- 忘れ物をしたけど自分で考えて工夫した　＋10点
- 朝、宿題をやった　　　　　　　　　　　＋10点
- 元気にあいさつした　　　　　　　　　　＋10点
- 学校に行った　　　　　　　　　　　　　＋10点
- 無事に帰って来た　　　　　　　　　　　＋10点
- 友達と元気に遊んだ　　　　　　　　　　＋10点

　　　　　　　　　　　　　　　　　　　180点

足し算のコツは、

①あたりまえだと思っていることを探す

②一見よくないなぁと思うことのなかにも、必ずあるよいところを見つける

③「できていないこと」よりも「できていること」に注目！

です。

　それから「こんなことを言うのはちょっと…」「あとでいいや」など思っているだけでは伝わりませんよね。ですから大切なことはその瞬間に、恥ずかしがらず、面倒くさがらず、勇気を出して伝えられるといいですよね。

いつもと見方を変えてみよう！

自分に自信を持てない子どもが増えている

　高校生を対象としたある調査（※）によると「私は価値のある人間だと思う」に「全くそうだ」と答えた割合はわずか7.5％だそうです。「まあそうだ」を含めても36.1％。自尊感情の低さが目立ちます。こんなに多くの子どもたちが自分に自信を持てないとは驚きです。

　自分を好きになると自信が持てるようになります。自信が持てると何ごとにも意欲的に取り組めるようになります。もちろん、自分の直したいと思うところは、改善していく必要がありますが、毎日毎日「自分てほんとにダメだな」と思って生活していくより「なんだ、自分って意外といいところあるじゃん」と思って生活した方が気分がいいですよね。

　そこで、見方を変える方法、リフレーミングについてお話をします。

その短所は長所でもある！

　お母さんたちに、お子さんのよいところを教えてくださいと言

※財団法人日本青少年研究所「高校生の心と体の健康に関する調査―日本・アメリカ・中国・韓国の比較―」2011年

うと、「えー？ ダメなところはすぐに思いつくのに」と、苦笑いをしながらしばらく考え込んでしまう方がいらっしゃいます。

でも大丈夫。子どものよい部分を探すには、<u>短所だと思っている部分を長所に書き換えればいいのです。</u>

長所と短所はコインの裏表です。10円玉があるとして、その10円玉を表から見るのか、裏から見るのか……。視点を変えると、同じ物でも見え方も違ってきますね。

このように見方を変えることをリフレーミングと言います。

前向きな捉え方は、前向きな言葉となり、子どもの行動を変えていきます。

子どもの性格・性質リフレーミング表

	短所	リフレーミングすると
あ	甘える	人にかわいがられる
		人を信じることができる
	あきらめが悪い	ねばり強い・いちず
		チャレンジャー
	あわてんぼう	行動的
		すばやく行動できる
い	意見が言えない	人を立てる・ひかえめ
		協調性がある
	いばる	自信がある
う	うるさい	明るい・活発・元気
お	怒りっぽい	感受性豊か・情熱的
	おしゃべりな	人との会話を楽しめる
	落ち着きがない	好奇心旺盛・活動的
	おっとりとした	マイペース
		周りを和ませる
お	おとなしい	穏やか・話をよく聞く

	短所	リフレーミングすると
か	カッとしやすい	感受性豊か・情熱的
	変わっている	味のある・個性的
	がんこ	意志が強い
		信念がある
き	気が強い	すべてに積極的
		弱音を吐かない
	気が弱い	自分より周りを大切にする
	厳しい	妥協せず目標を追い求める
く	口下手な	言葉を選ぶのに慎重
	暗い感じ	自分の心の世界を大切にしている
け	けち	計画的にお金を使う
こ	強引	みんなを引っ張る力がある
	興奮しやすい	情熱的
	こずるい	賢い・効率的にものごとを考える

	短所	リフレーミングすると
こ	こだわる	自分の考えを大切にする
		向上心がある
	断れない	相手の立場を尊重する
		やさしい
さ	騒がしい	明るい・活発・元気
し	しつこい	ねばり強い
	自分がない	協調性がある
	自慢する	自己主張できる
		自分を愛している
	地味	素朴・ひかえめ
	消極的	ひかえめ
		周りの人を大切にする
す	図々しい	行動力がある
		堂々としている
せ	せっかち	反応がすばやい
	責任感がない	無邪気・自由
そ	外面がいい	コミュニケーション能力がある
		社交的
た	だらしない	こだわらない・おおらか
	だらだらしている	時間におおらか
	短気	感受性豊か・情熱的
ち	調子に乗りやすい	雰囲気を明るくする
		ノリがいい
つ	つめたい	冷静・客観的
て	でしゃばり	世話好き
な	泣き虫	感受性豊か・情熱的
の	ノリが悪い	自分の世界を持っている
の	のんき	細かいことにこだわらない
		マイペース
は	八方美人	人づき合いが上手

	短所	リフレーミングすると
ひ	人づき合いが下手	ひとりの世界を持っている
		穏やかな心を持った
	人の話を聞かない	自分の考えがある
	ひとりになりがち	自立している
		独立心がある
	人をうらやむ	人のよいところを素直に認められる
ふ	プライドが高い	自分に自信がある
ま	周りを気にする	心配りができる
	負けず嫌い	向上心がある
		がんばりや
	まじめ	誠実で一生懸命
		頼りになる
	ませている	大人への憧れを持っている
む	無気力	充電中
	無口	穏やか・聞き上手
	無理をしている	期待に応えようとしている
		協調性がある
め	命令しがちな	リーダーシップがある
	目立たない	和を大切にできる
		ひかえめ
	目立ちたがり屋	自己表現が活発
	面倒くさがりや	おおらか
		細かいことにこだわらない
ゆ	優柔不断	じっくり考える
ら	乱暴	たくましい
わ	わがまま	持論がある
		自己主張できる

第4章 あたりまえのことを勇気づける

朝から晩まで
勇気づけの言葉かけを！

ポイントはあたりまえの行動に注目すること

　子どもの困った行動は親の注目を得るためだと書きました。ふだんのあたりまえの行動に注目し、勇気づけることで、子どもは認められていることを実感し、わざわざ困った行動をして親の注目を引く必要がなくなります。

　今日から、ふだんのなにげなくとおり過ぎてしまう、あたりまえの行動を勇気づけてみましょう。以下、例を挙げますね。

朝「おはよう」と起きてきたら

- ▶ 自分で起きてこられたね（未就学児〜小学校低学年）。
- ▶ おはようって言ってもらえるとうれしいな。
- ▶ あいさつすると気持ちいいね。

朝 着替えていたら

- ▶ もう着替えているんだ！
- ▶ 前はできなかったのに上手にボタンをはめられるようになったね！（未就学児〜小学校低学年）
- ▶ 脱いだ服をたたんでしまってくれてありがとう。

朝 ごはんを食べていたら

- ▶ おいしそうに食べているね。
- ▶ たくさん食べてくれてありがとう！
- ▶ 嫌いなお魚、少しだけ食べられたね！
- ▶ ご飯粒を残さずきれいに食べてくれてうれしいな。

朝 手伝いをしてくれたら

- ▶ お皿を下げてくれてありがとう。
- ▶ 新聞を取ってきてくれてありがとう。
- ▶ 食器を水に漬けておいてくれて助かるな。
- ▶ テーブルを拭いてくれてうれしいな。

朝 学校に行くとき

- ▶ 行ってらっしゃい！　いい1日になるといいね！
- ▶ 今日は楽しみな〇〇があるね！
- ▶ 帰ってきたら〇〇について教えてね！
  （〇〇部分は、行事や授業など子どもが楽しみにしていること）

第4章 あたりまえのことを勇気づける

あいさつすると気持ちいいね！

お…おはよー

下校後 学校から帰ってきたら

- お帰り！　今日も1日がんばったね。
- お帰り。外は暑かったでしょう？
- 靴を揃えてくれてうれしいな。
- ○○（子どもが楽しみにしていたこと）はどうだった？

下校後 学校（園）からの手紙をお母さんに渡す
　　　　または、箸やお弁当箱をカバンから出す

- いつも忘れずに出してくれてありがとう。
- （忘れるときがあっても、出せたときに）
  出してくれてありがとう。
- （給食着や体育着など洗い物）出してくれて助かるわ。

下校後 手洗いうがいをする

- 言わなくても自分からできて感心だわ（未就学児～小学校低学年）。
- いつも忘れずにやっていていいね！
- 清潔にすると健康にいいね。

下校後 友だちの家に遊びに行く

- 行ってらっしゃい！楽しんできてね！
- 仲いい友だちがいていいね！
- ○○ちゃんと遊ぶの楽しみだね。

下校後 宿題をしている

- ▶ 宿題やっているんだね！（見たままを言うのも OK!)
- ▶ どう？　難しくない？　わからないことあったら言ってね！
- ▶ 毎日ドリルの宿題がたくさん出るんだね。がんばってるね♪
- ▶ いつも忘れずにやっていて感心だわ。

下校後 ゲームをしている

- ▶ 楽しそうだね。どんなゲームなの？
- ▶ お母さんにもやらせて♪

下校後 きょうだいで遊んでいる

- ▶ 仲よく遊んでいるのを見るとお母さんうれしいわ。
- ▶ いつも弟の面倒を見てくれて、ありがとうね。

夜 部屋を（机の上を）片づけている

- ▶ きれいに整頓しているんだね。
- ▶ きれいになると気持ちいいね！
- ▶ 自分から進んでやっているなんて感心だわ。

夜 明日の準備をしている

- ▶ 自分のことを自分でやっていていいね。
- ▶ 前日に準備しておくと安心だね。

夜 お風呂から上がってきた

- さっぱりして気持ちいいね！
- いつもバスタオルをきれいにかけてくれてありがとう。

夜 寝る前に

- 今日も1日がんばったね。
- 生まれてくれてありがとう。
  大好きだよ〜〜（抱きしめる）。

これだけで安心感が得られ、明日の活力になりますね！
よい気持ちで眠りにつくことができると疲れも取れそうですね。
読み聞かせなど、寝る前にほんの少しでもいいので、親子でおしゃべりタイムを♪

夜 寝ているとき

- いつも元気でいてくれてありがとう。
- 今日も1日がんばったね。
- 寝ている間に疲れがとれて明日すっきり目覚めるよ。
- 大きく成長してくれてありがとう。
- 生まれて来てくれてありがとう。

いつも元気でいてくれてありがとう

寝ているときもお母さんの声が子どもの潜在意識に届きます！
耳元でささやいてみて！

勇気づけの言葉は
難しく考えなくていい

自分が言われてうれしい言葉を

　いかがでしたか？　このようにふだんから子どもを勇気づけていると、子どもはお母さんから「見てるよ〜」「大好きだよ！」「いつでも応援しているよ」のメッセージを受け取ります。それが勇気のエネルギーとなって自信ややる気が育っていくのです。

　でも、慣れないうちは、「どんな言葉で勇気づけをしたらいいの？」「これってほめじゃないかな？」なんて気にしてしまうお母さんもいるようです。ですが、**細かいことは気にせず、自分が言われてうれしい言葉を**。そう考えればシンプルですね！

　勇気づけとは、相手の目で見、耳で聴き、心で感じることです。

　つまり相手の立場に立ち、自分だったらどう思うかな……と相手の心に寄り添うことが、すでに勇気づけ。子どもの心が勇気づけられる言葉を自由にかけ

第4章　あたりまえのことを勇気づける

てください!
　それは特別な言葉ではなくてもよいのです。
　また、くどくどと長く勇気づけなくて OK!
　子どもがうれしそうだったら、「うれしそうね」、悲しそうだったら「悲しいの?」、「お母さん!虫をつかまえてきたよ!」と見せてくれたら「こんなにつかまえられたの?どこでつかまえたの?」、宿題をしていたら「宿題しているんだね」、お菓子を食べていたら「おいしそうだね」……なんでも OK です!

　難しく考えず、ありのまま言葉かけをしてみてくださいね。
　そして、何も言葉かけだけではなく、小さな子どもをギュッと抱きしめる(思春期くらいのお子さんだったら肩をポンと叩いて「がんばっているね!」と言うのでもいいですね!)などスキンシップも勇気づけですね。温かいお茶を黙ってそっと差し出すのもいいでしょう。もちろんメッセージでも OK。留守番を頼んだときに、子どもが家に帰ってミニカードが置いてあるのを見つけたら、きっとよろこびますね!

あたりまえが
見つけられないときは

自分自身と子どもの小さい頃のアルバムを見てみよう

「あたりまえ」を見つけることはとっても簡単、といっても、ときにはそれすらも難しいときがありますね。そんな子どもの「あたりまえ」のことを勇気づけられないなというのは、自分自身の心が元気がない、忙しくて余裕がない、疲れているなどが原因として考えられます。

詳しくは5章で書きますが、そんなときは、子どもが小さかった頃のアルバムを開いてみませんか？
<u>赤ちゃんだったわが子が大きく育っているのはお母さんが子育てを毎日がんばっているから。</u>子どもを育てている自分に勇気づけをしながら、「こんなに小さかったんだな」「この頃は、こんなことを考えていたっけな」などと、自分のためにお茶を淹れ、ゆったりと振り返ってみてください。
この方法を実際にためしてみると、
「妊娠中は元気で生まれて来てくれればいいと思っていたけれど、成長するにつれて、あれもしてほしい、これも……、って欲張って要求をしていたな」

第4章 あたりまえのことを勇気づける

「赤ちゃんの頃は笑ったとか立ったとか、何をしても、ほめていたのに、今はすっかり忘れてしまっているな」

そんな感想を口にするお母さんもいます。お母さんも、自分の時間を少しでもとって自分自身を振り返り、いつもがんばっている自分を勇気づける時間がつくれたらステキですね！

いちばん簡単な勇気づけの言葉

第5章

言葉かけのための自分への勇気づけ

まずは私を
大切にしてみよう

子どもにダメ出しを
したくなるときの心理とは

本当にダメ出ししたいのは「OKでない自分」!?

「最近、子どもや夫へ『ヨイ出し』をしようと思いつつ、『ダメ出し』ばかりしてしまいます」

と言う方がいらっしゃいます。

そんなときもありますよね……。

人間、「いつでもいい調子」なんてことはないし、なんだか調子が悪いときもあるでしょう。

では、人の「ヨイ点」(いいところ)に目が行くときと、そうでないとき。いったい何が違うのでしょう?

ある女性がカウンセリングに来たとき、彼女は泣きながらこう話を始めました。

「最近、私は娘に怒ってばかりいて、つい手をあげてしまいます。そんな自分がいやでいやで……。こんな自分をなんとかしたいんです」

そのとき私はこう言いました。

「そうなんですね。いけないと思っていても、娘さんを叩いちゃうんですね。そんな自分がいやでご自分を責めてしまうんですね。

でも、勇気を出して、私のところに来てくださった。なんとかしようと自ら行動を起こした。そこには愛があるんですよ。子どもを思う愛、自分の成長を願う自分への愛。これから一緒に、子どもを、そして自分を大切にすることから始めてみましょう！」

するとそのお母さんは顔を上げて、
「自分がいやだったんです。子育てに自信もないし、私はダメな母親だっていつも自分を責めていました。私はきっと自分に怒っていたのですね。娘を叩いているのではなく、自分を叩いていたのだと思います」

そう。子どもに限らず<u>人を批判したり罰したりダメ出ししたくなるのは、自分にOKが出せていないから。自分を批判し罰し、ダメ出しをしているのです。</u>

子ども（人）に怒っているのではなくて自分に怒っている。自分が許せない。自分が自分を責めているから、子どもにも同じようにしてしまうのです。

自分への勇気づけ❶
「そんなときもある!」

まずは気づいた自分に花丸を!

　勇気づけができないとか、子どもに口うるさく言ってしまったとか、あまり気にしなくても大丈夫。最近怒ってばかりだったな、とかイライラしていたな、と思ったら、それはダメなママだからじゃなくて心のバランスを崩しているだけ。自分の心のコップに勇気のエネルギーが減っているってサイン。それに気づけたことだけでも自分に花丸をあげましょう。自分を責める必要はありません。

　疲れているときや寝不足のときは思考もネガティブになっていきます。心と身体はリンクしています。つまり、心にゆとりのないとき、自分へのダメ出しを、他人へ投影してしまう。

　子育てや家事、お仕事……。子育て中のお母さんは、とくに、たくさんすることがありますよね。

　今まで、たくさんのお母さんたちと共に学び、たくさんの親子の心を見てきた私が子育てや言葉かけをする上で一番大切だと考えているのは、ズバリ、親が自分にOKを出せること。

　なぜなら、「子は親の鏡」と言われるように、親の心の状態は

子どもに映し出されるからです。親が自分自身に OK を出すと、子どもも自分に OK が出せます。親子の心はつながっているのです。

　完ぺきな人間がいないように、完ぺきな親も存在しません。子どもはどんなお母さんでも大好きです。「どんな自分でも OK」と、まず、お母さんが自分に自信を持って子育てできたら素敵ですね！

　お母さん自身が自分を大切にできなければ、夫や子どもを大切にすることはできません。お母さんの心が輝いて、はじめて、夫や子どもを大切にすることができるのです。まずは、自分自身を勇気づけて自分の心を勇気のエネルギーで満たしましょう。

こんなときの自分への勇気づけの言葉

「そんなときもあるよね」
「いつも笑顔なんて無理。大丈夫だよ」
「休んだっていいんだよ」
「充電タイムをつくろうね」
「少し疲れているのかな？　休もうね」
「私、よくがんばっているね」
「自分を大事にするときかな？」
「いつも子育てがんばっているね」
「毎日よくやっている！」

自分への勇気づけ❷
理想を高くしない

ハードルをとても低くしてみる

　勇気づけの言葉かけをしようと思うと、つい、がんばってしまい、できない自分にがっかりする、なんていう話もよく聞きます。

　できるとかできないとか、そこだけにとらわれて一喜一憂するのは「結果」に注目している「ほめ」になりますね。そうではなくて「勇気づけ」は「姿勢」や「過程」に注目するのでしたね！子どもを勇気づけよう、とチャレンジしている、その姿勢や取り組みに注目し、自分を勇気づけましょう。やろうとしている自分を勇気づけするのです！

「勇気づけを上手にしなくちゃ」とか、「怒らずに子どもを勇気づけなくちゃ」なんて思う必要はありません。理想を高く掲げると、高い理想と、現実の自分のギャップに苦しむことになります。

　そこでぜひ提案したいのが、低い目標を掲げてみるということ。ハードルをとても低くするのです。たとえば、まずは子どもが帰ってきたら笑顔で迎えてあげることだけやってみようとか、学校であった話を上手な対応で聴いてみようとか。「ありがとう」「うれしい」「助かる」を、いつもよりちょっと意識して言うように

してみよう、など。**がんばらなくてもできることから少しずつ始めてみませんか？**

こんなときの自分への勇気づけの言葉
「勇気づけ上手になりたいね。でも焦らなくて大丈夫。
　ゆっくりやっていこう」
「高い理想はいらないよ。できることから始めてみよう」
「私はがんばりやさんだね。
　でも、『理想は低く』でいいんだよ」
「私は向上心にあふれているね。
　やってみようと思える勇気、素敵だね」
「うまくできなくても大丈夫。だんだん慣れていくよ」
「今日はこの部分を意識してみようか」
「無理しなくていいんだよ」

自分への勇気づけ❸
できないことより、できたこと、小さな進歩に目を向ける

１ミリの成長を楽しむつもりで

　勇気づけの言葉がけも、練習していくとだんだん自分になじむようになってきます。少しずつトレーニングしていきましょう。

　小さい子どもが補助なしの自転車に乗る練習をすると最初は大人の手が必要で、フラフラしながら進んでいきますね。たとえ倒れても、また立ち上がって、続けていく。コツコツ続けていく。繰り返し、続けていく。ただ、それをすればいいのです。人と比べることもなく、自分のペースで。やり方にはあまりとらわれず気楽に自分を勇気づけながら、「１ミリの成長」を楽しんで！

こんなときの自分への勇気づけの言葉
「前より、勇気づけを意識できるようになったね」
「怒っちゃっても大丈夫。
　そのぶん明日は子どもをギュッと抱きしめよう」
「怒っちゃっても大丈夫。寝る前は勇気づけよう」
「そのとき、勇気づけの言葉が出なくても、後でこう言うとよかったかなと考えられるようになったね。進歩だね」
「前より勇気づけができるようになったね」

自分への勇気づけ ❹
お母さんもあたりまえの ことに勇気づけ

わが子がお腹のなかにいたことを思い出してみよう

　今、目の前にいるわが子を見てみてください。生まれたときは小さな赤ちゃんだったのに、大きく育ちましたね。身長もぐんぐん伸びて、体も大きくなって、毎日、園や学校に行き、できなかったことができるようになって、日々成長していますね。

　わが子が元気に成長しているのは、毎日お母さんが子どもを愛情いっぱい育ててくれているから。そう言うと、「怒ってばかりで愛情深いとは言えないわ」とおっしゃるお母さんもいます。

　でも、考えてみてください。お母さんってすごいんです。だって、いつも子どものこと考えていますよね。子どものことが心配だからこそ、口うるさく言ってしまうときもあるでしょう。どうでもよければ悩みません。よりよく子どもに育ってほしい、**よりよく子育てしたいと思うからこそ、悩みも生まれるのではないでしょうか？**

　小さな命がお腹にやってきたときのことを思い出してみてください。どんな気持ちでしたか？　うれしかったり、とまどったり、いろいろな思いもあったかもしれません。つわりや切迫早産で大変な思いをしたお母さんもいると思います。でも、妊婦検診のと

き、エコー検査でドクドクと赤ちゃんの心臓がいっしょうけんめい動いているのを見て、かわいいな、またがんばろう、うれしいな、と思ったのではないでしょうか？

　お腹がだんだん大きくなってくると、頭を洗うのも、爪を切るのも大変だったでしょう。腰が痛くて、眠れない日もあったり。そしていよいよ出産が近づくと、不安な気持ちになったことでしょう。私は普通分娩も帝王切開も経験し、どちらも大変だったけれど、赤ちゃんに出逢ったときの喜びはそれぞれ一生忘れることはないでしょう。

　たまには、子どもが小さい頃のアルバムをめくりながら、がんばって子どもを産んだ自分、そしてすくすく成長しているわが子に心のなかで感謝のメッセージを贈ってみませんか？

　ぜひ今までの子育てを振り返って自分を勇気づける時間を取ってみてください！　夫婦で一緒に振り返ってみてもいいですね。

　赤ちゃんがお腹に来た日から今日まで、お母さんは毎日休みなく、子どものためにいっしょうけんめいがんばっています。勇気づけができるとか、怒ってしまうとか、そんなことは、じつは、とっても小さいこと。日々のあたりまえのようなことの積み重ねこそが「愛」だと思うのです。

「ご飯をつくる」「洗濯する」「掃除する」「家族を送り出す」「布団を干す」「家族を『お帰り!』と迎える」……これって偉大な「愛」ですね。

　だから、お母さんは、もう子育てをしているだけで、愛がいっぱい！　子どもを産んで育てるということは、世界一の大事業と言ってもいいと私は思っています。

　お母さんも、日々のあたりまえのようなこと、自分自身に勇気

づけしてみてくださいね。

こんなときの自分への勇気づけの言葉
「毎日子育てがんばっているね！」
「子どもを産んで育てている私はすごい！」
「おいしい朝ごはんができたね」
「掃除して気持ちいい！」
「ふかふかの布団で家族も気持ちよく眠れるね」
「私よく働いているね」
「いつも子どものこと考えて愛情深いね」
「元気で生活できている自分に感謝♡」
「仕事と家事、完ぺきにしなくても大丈夫。無理しないでいいよ」

自分自身への勇気づけ❺
自分のありのままの心を感じる

「小さな子どもの私」と対話してみよう

　誰の心のなかにも、「大人の私」と「小さな子どもの私」が共存しています。「小さな子どもの私」は、たとえるならば5歳くらいの子どもの自分のイメージです。その小さな子どもの自分が「悲しいよ」「寂しいよ」「話を聴いて」「甘えたい」「誰かわかって」と、思っているときがあります。

　そんなときは、「(今現在の) 大人の私」が「小さな子どもの私」を抱きしめて、話を聴いてあげるイメージをしてみてください。

　最近イライラしやすいな、と思うとき、怒りの感情の根っこには、その「悲しみ」や「寂しさ」が潜んでいることも多いもの。自分が今、心の奥ではどんなことを思っているのか、ときどき自分の心と対話して「感じて」みるのもよいでしょう。

　「心のなかの『小さな子どもの私』」を扱う講座のなかで、私が受講者さんにセラピーをすることもあります。すると、「気持ちが落ち着いた」「元気が出た」「なぜだか理由もわからず涙があふれて、涙を流したら気持ちがスッキリした」などと言う方がたくさんいらっしゃいます。

　イメージのなかで、「大人の私」がヨシヨシと「子どもの私」

を抱きしめ、勇気づけの言葉をかけてあげることで、心が満たされることもあるのです。

　ネガティブな感情も、しっかりと感じることで、解放されていきます。決してフタをしないでくださいね。「あぁ、私は今悲しいんだな」「怒りたいんだな」そう気づいたら、「悲しいんだね。そっか、そう思っているんだね」「イライラしちゃうよね。すごくイヤなんだね」などと自分の素直な気持ちを感じましょう。

　もちろん、誰かに話を聞いてもらうのでもいいでしょう。無理して笑ったり、無理にポジティブに考えなくても大丈夫ですよ。

　どんな感情も大切な心のサイン。排除しようとせず、上手につき合っていきましょう。

こんなときの自分への勇気づけの言葉

(小さな子どもの自分をイメージして)

「最近ひとりでがんばっていたね。もう、ひとりでがんばらなくていいよ。だんなさんに甘えてみよう」

「誰かを頼ってもいいんだよ。あなたはひとりじゃないんだから」

「今まで寂しかったんだね。もうひとりじゃないよ。(大人の私が)いつも応援しているよ」

「あなたは今、心配なんだね。だんなさんにその気持ちを話してみようか」

「なんとなく不安な気持ちなんだね。友だちにそのことを話してアドバイスもらおうか」

(心の状態に気づいたら)

「そっか、そっか……。そう思っていたんだね。わかるよ。あなたは○○と思っていたんだね」

→小さな子どもの私に、大人の私が寄り添うイメージ。共感することでその気持ちが解放されて少し楽になります。

おわりに

　本書を読んで「こんな言葉かけできるかな？」「難しいかも……」と思われた方もいらっしゃるかもしれません。

　でも、最初から勇気づけの達人にならなくていいし、なれません。私もまだまだ練習中！
　ここに書いた言葉かけがすべてではありませんし、100人のお母さんがいれば100とおりの子育てがあっていいと思うのです。

　このとおりにできない私はダメなんだわと反省したり、自分を責めたりする必要はまったくありません。
　繰り返しになりますが、子育てに正解はありませんので、気張らずにゆったりのんびり実践してみてくださいね。
　迷ったときはシンプルに考えましょう。
「自分だったらどう関わられたら嬉しいかな？」と考えることです。また、相手が勇気づけられる関わりだったら何でもよいと思うのです。今ここからできることを少しずつ……。そんな姿勢で

OKです！

　子どもを勇気づけると、その勇気づけを自分自身の耳でも聞いているので、自分の心も勇気づけられ元気になっていきます！

　ぜひ、あなたから勇気の波紋を広げていってください。

　本書では、わかりやすく説明するために、場面ごとにわけて言葉かけを紹介しましたが、そういった枠にとらわれることはありません。勇気づける場面は、いつでもそこにあるのです。

　私たちのもとに生まれて来てくれて、一緒に生きてくれている子どもの姿、できなかったことができるようになり、すくすくと成長しているわが子は、それだけでも花丸100点満点です。そんな姿を見ながら、加点法で子どもを勇気づけ、日々子育てをがんばっているご自分にもたくさん勇気づけの言葉かけをしてみてくださいね！

　子育てをしていると晴れの日ばかりではなく、雨や嵐の日もありますね。気持ちが上がる日があれば、下がる日があることも当然。そんなときはゆっくり体と心を休めたり、自分を勇気づけたりしながら過ごしてみましょう。

そんなときの私の合い言葉は「ま、いっか」。

スーっと気持ちがラクになってくるので、おすすめの言葉です。

「勇気づけ＞勇気くじき」。こうなっていればいいし、もしそうなっていない日があったとしても大丈夫。体になじませるには「継続」が大事なのでボチボチやっていけばいいのです。講演会などでお話をすると、子どもを怒ってはいけないと思っているお母さんも多いということに気づきます。もし、怒ってばかりいる私はダメだと思っていたとしたら、それは違います。怒ったってよくて、大事なのは、信頼関係だと思うのです。子どもが「僕（私）はできるんだ！」「お母さんはいつでも味方でいてくれるんだ」と勇気づけられれば、子どもと信頼関係を結ぶことができます。ちょっと怒りすぎちゃったかな？　という日はできるときに勇気づけすればいいし、どこかでフォローすればいいのです。

今まで、たくさんのお母さんと共に学んでいますが、続けている人は、確実に変化しています。最初はなじまない感覚があったとしても続けてみてください。きっとだんだんなじんでいきます。

共に学ぶなかで思うのは、子どもにも大人にも「自己教育力」

が備わっているということです。人は皆、「よくなろう」とする無限の力を持っています。ですから、親が子どもをしっかり指導しなければ子どもは伸びないとか、子どもに言わないと勉強をしないなどと思うのは、子どもの力を信頼していないことになります。子どものなかにある素晴らしい力を信じて、どんなときも子どもに「お母さんはあなたの世界一の味方だよ、応援しているよ」というメッセージを与えてください！　すると、子どもは本来持っている力をぐんぐん伸ばしていくのです。そして、その言葉をそのままご自分に贈りましょう。じつは大人にも同じことが言えます。世界にたったひとりだけの世界一の自分の応援者になることで勇気が湧いてくることと思います。

　本書は、子どもを勇気づけるといいと学んだけれど、いつもワンパターンな言葉かけになってしまうので、いろいろなフレーズを知りたいというお母さんたちのリクエストによって生まれた本です。さぁやってみようと思っても、どうしていいかわからないというときに、たとえばこんな言葉かけがあるよ、というご提案をしているにすぎません。細かいことにこだわらず、まずは自分なりに言葉かけをしてみてください。

言葉かけをする上で大切なことは、自分が子どもに「何を言ったか」ではなく「子どもが勇気づけられたかどうか」です。子どもに表面上だけ勇気づけの言葉を贈っても子どもの心には届きません。子どもは繊細なので、親が自分の都合で言っているのか、本当に自分のしあわせを考えて言っているのかを瞬時に見抜きます。親が子どもを想う気持ちに変わりはありません。子どものしあわせを願う思いを伝えるために、本書を参考にしていただけたらうれしく思います。

　本書を刊行するにあたり（株）日本能率協会マネジメントセンター出版事業本部の久保田章子さんに大変お世話になりました。また、HeartySmileの講座受講者さん、講演先で出会った皆さん、ブログやメルマガの読者さん、そしてこの本を読んでくださったあなたに心から感謝申し上げます。
　勇気のバトンを愛するお子さんや身近な方へ渡していただけたらとてもうれしいです。

子育てに愛と勇気とユーモアを♡
２０１５年７月　　　　　　　　　　　　　　　　　　　原田綾子

【著者紹介】

原田綾子（はらだあやこ）

勇気づけ親子教育専門家
株式会社HeartySmile代表
1974年生まれ。埼玉県在住。二女の母。
小学校教員時代、子どもを伸ばすには母親自身の心がイキイキとしていることが重要だと気づき、教員退職後、「勇気づけ」をベースとした子育て講座、講演活動を開始。子どもへの関わりかただけではなく母親の心のありかたに焦点を当てたオリジナル講座は「心が元気になる」「子育てに迷いがなくなった」「子どもが変わった」と好評で関東だけでなく、全国各地からの受講生も多数。8年間で、延べ1万人以上に勇気づけを伝えている（2015年6月現在）。2015年春から小学生対象『勇気づけ国語塾』も開校し、親子へ勇気のバトンをつないでいる。著書に『子どもの「自信」と「やる気」をぐんぐん引き出す本』（マイナビ）がある。

- 株式会社HeartySmileホームページ
http://heartysmile.jp
- 原田綾子ブログ
http://ameblo.jp/haraaya0731/
- 原田綾子フェイスブック
http://www.facebook.com/ayako.harada.9

【参考文献】

（有）ヒューマン・ギルドELMテキスト/SMILEテキスト（非売品）

子どもが伸びる！　自信とやる気が育つ！
アドラー式「言葉かけ」練習帳

2015年7月30日　初版第1刷発行
2016年1月15日　　　　第4刷発行

著　者 ——— 原田　綾子
　　　　　©2015 Ayako Harada
発行者 ——— 長谷川　隆
発行所 ——— 日本能率協会マネジメントセンター

〒103-6009　東京都中央区日本橋 2-7-1　東京日本橋タワー
TEL　03（6362）4339（編集）／03（6362）4558（販売）
FAX　03（3272）8128（編集）／03（3272）8127（販売）
http://www.jmam.co.jp/

装丁 ——————— 吉村朋子
本文デザインDTP — ムーブ（新田由起子／德永裕美）
イラスト ——————— 寺崎愛
印刷・製本 ——— 三松堂株式会社

本書の内容の一部または全部を無断で複写複製（コピー）することは、法律で認められた場合を除き、著作者および出版者の権利の侵害となりますので、あらかじめ小社あて許諾を求めてください。

ISBN 978-4-8207-1930-4　C0037
落丁・乱丁はおとりかえします。
PRINTED IN JAPAN

JMAM 既刊図書

マンガでやさしくわかる
アドラー心理学

岩井 俊憲 著／**星井 博文** シナリオ制作／**深森 あき** 作画

『7つの習慣』のコヴィーや、『人を動かす』のカーネギーなどに影響を与えた、いわば「自己啓発の祖」ともいえるアドラー心理学。その基本が、一気にわかります。

主人公には人気洋菓子チェーンに勤務する由香里、28歳。エリアマネジャーに抜擢されたものの思うようにならない日々を過ごす彼女が、ひょんなことからアドラー先生の幽霊と出会って、その助言のもと成長していきます。マンガと解説のサンドイッチ形式で、楽しみながら学べる1冊です。続編となる『マンガでやさしくわかるアドラー心理学2 実践編』もおすすめです。

四六判並製　224頁